흔들리지 않는 약속,
흔들리지 않는 소망

UNSHAKABLE HOPE
by Max Lucado

Originally published in English as *Unshakable Hope*
Copyright ⓒ 2018 by Max Lucado

Published by arrangement with Thomas Nelson,
a division of HarperCollins Christian Publishing, Inc. through rMaeng2, Seoul, Republic of Korea.
All rights reserved.

This Korean translation edition Copyright ⓒ 2019 by Word of Life Press, Seoul, Republic of Korea.

이 한국어판의 저작권은 알맹2 에이전시를 통하여 Thomas Nelson과 독점 계약한 생명의말씀사에 있습니다.
신저작권법에 의하여 한국 내에서 보호받는 저작물이므로 무단 전재와 무단 복제를 금합니다.

흔들리지 않는 약속,
흔들리지 않는 소망

ⓒ 생명의말씀사 2019

2019년 2월 25일 1판 1쇄 발행
2019년 3월 27일   2쇄 발행

펴낸이 | 김재권
펴낸곳 | 생명의말씀사

등록 | 1962. 1. 10. No.300-1962-1
주소 | 서울시 종로구 경희궁1길 5-9(03176)
전화 | 02)738-6555(본사) · 02)3159-7979(영업)
팩스 | 02)739-3824(본사) · 080-022-8585(영업)

기획편집 | 임선희
디자인 | 박소정, 윤보람
인쇄 | 예원프린팅
제본 | 정문바인텍

ISBN 978-89-04-16660-2 (03230)

저작권자의 허락없이 이 책의 일부 또는 전체를
무단 복제, 전재, 발췌하면 저작권법에 의해 처벌을 받습니다.

흔들리지 않는 약속,
흔들리지 않는 소망

Unshakable Hope
맥스 루케이도

Max Lucado

염려 많은 세상에서 승리하며 살기

생명의말씀사

contents

추천의 글 · 6
감사의 글 · 10

01 하나님께서 우리에게 보배롭고 지극히 큰 약속을 주셨다 · 15
02 당신은 하나님의 형상으로 지음받았다 · 35
03 사탄의 날은 끝난다 · 47
04 당신은 하나님의 상속자다 · 63
05 당신의 기도에는 능력이 있다 · 81
06 하나님은 겸손한 자에게 은혜를 주신다 · 97
07 하나님께서 당신을 이해하신다 · 113

Unshakable Hope　　　Max Lucado

08 그리스도께서 당신을 위해 기도하신다 · 129
09 그리스도 예수 안에 있는 자에게는 결코 정죄함이 없다 · 143
10 이 땅의 무덤은 임시적이다 · 163
11 머지않아 기쁨이 온다 · 179
12 성령님이 당신을 도우신다 · 197
13 정의가 이긴다 · 215
14 흔들리지 않는 약속, 흔들리지 않는 소망 · 233

주 · 252

추천의 글

"나는 하나님께서 나의 사랑하는 친구 맥스 루케이도에게 기름을 부으사 하나님의 마음을 이 세대에 전하는 은사를 주셨다고 확신한다. 그의 마흔 번째 책인 이 책에서 그는 하나님의 약속이 어떻게 우리 삶의 견고한 기초가 되는지 나눈다. 당신이 하나님의 약속을 믿으면 소망을 갖게 될 뿐 아니라 당신의 삶이 영원히 바뀐다는 것, 이것이 바로 진리다!"

로버트 모리스 (Robert Morris),
『축복된 삶』(The Blessed Life) 저자, 게이트웨이교회 목사

"현실이 우리를 황폐하고 우울하게 만들 때, 우리는 어디에서 소망과 힘을 발견하는가? 나는 맥스가 우리를 영원한 도움의 근원 되시는 예수님께 인도하는 방식을 좋아한다. 맥스는 우리가 고난의 한복판에서 붙잡는 중요한 성경적 진리와 약속을 부각시킨다."

리사 터커스트 (Lysa TerKeurst),
『나는 매일 거절당한다』(Uninvited) 저자, Proverbs 31 Ministries 대표

"요즘에는 소망이 점점 찾기 힘들어지는 상품이다. 그리고 이것이 바로 내가 맥스 루케이도의 『흔들리지 않는 약속, 흔들리지 않는 소망』에 정말로 감사하는 이유다. 이 책은 사람들에게 하나님과 인생과 미래에 대해 이미 알고 있지만 대부분 잊어버린 것들이 생각나게 해 줄 것이다. 또 다른 사람들에게는 세상에 절실히 필요한 것, 곧 냉소주의와 낙심을 이기는 법에 대한 안내서가 될 것이다."

캐리 니호프(Carey Nieuwhof),
커넥서스교회 목사

"인생은 우리의 기대와 다르게 흘러가고, 소망도 자주 끊어진다. 그때가 바로 우리가 어디에 소망을 둘지 결심해야 하는 순간이다. 목회적인 보살핌과 친구의 마음을 갖춘 맥스는 우리에게 유일한 소망의 근원이신 하나님의 약속으로 돌아가라고 외친다. 이 책은 삶의 목적과 씨름하는 사람, 절망과 싸우는 사람, 하나님에 대한 신뢰를 잃은 사람이 꼭 읽어야 할 책이다."

마크 배터슨(Mark Batterson),
『서클 메이커』(The Circle Maker) 저자, 내셔널커뮤니티교회 목사

"하나님은 그분을 믿는 자기 백성들을 통해 엄청난 일들을 하실 수 있고, 또 하기 원하신다. 우리가 가장 연약할 때 살아내야 할 하나님의 불변하시는 약속은 우리의 생명줄이다. 맥스 루케이도는 믿음의 영웅이고, 이 여행에서 우리를 안내해 줄 믿을 만한 가이드다!"

제니 알렌(Jennie Allen), 「Nothing to Prove」 저자, 'If: Gathering' 설립자

"메인(Maine)주에 있는 뱅고어(Bangor)는 하루에 비행기가 몇 번밖에 뜨지 않는 작은 마을이지만 세상에서 가장 큰 비행기도 띄울 수 있는 활주로를 가진 엄청난 국제공항을 자랑한다. 그 이유는 단순하다. 뱅고어는 대서양을 4킬로미터 이상 비행한 후 처음으로 만나게 되는 미국 땅이기 때문이다. 만일 대서양 항공편이 조난을 당한다 해도 뱅고어에만 닿을 수 있다면 바다에 불시착할 필요가 없다. 당신이 들고 있는 이 책은 뱅고어가 연기를 뿜는 비행기들에게 제공하는 것(착륙할 안전한 땅)을 당신의 영혼에 제공한다. 맥스 루케이도는 자신의 마흔 번째 책에서 지금까지의 서른아홉 권으로 우리 마음에 전해 준 신뢰감을 제공한다. 그리고 당신의 상처를 다룰 수 있는, 하나님의 흔들리지 않는 소망이라는 긴 활주로로 가는 길을 안내한다."

레비 루스코(Levi Lusko), 「I Declare War」 저자

"상사와의 대화, 배우자나 자녀의 결정, 지진이나 자동차 사고…. 매일 일어나는 예상치 못한 사고와 상황은 우리에게 이 세상이 얼마나 불안한지 상기시킨다. 최근에 비극적으로 치솟는 자살률을 보면, 사람들이 그 어느 때보다 필사적으로 자기 삶을 흔들리지 않는 곳에 세우기 원한다는 것을 알 수 있다. 나는 맥스 루케이도 목사를 통해 일하시는 하나님께 감사한다. 우리에게 이토록 소중한 자원을 주시고, 성경에 깊이 잠긴 소망을 채워 주시고, 삶의 흔들리지 않는 유일한 기초(하나님의 한결같은 약속)로 우리를 인도해 주시기 때문이다. 『흔들리지 않는 약속, 흔들리지 않는 소망』은 당신을 모든 필요에 풍성히 공급하겠다고 약속하시는 하나님께로 이끌어 줄 것이다. 또한 성경말씀에 닻을 내리게 하여 인생의 폭풍우를 지나는 당신을 견고하게 붙들어 줄 것이다. 당신의 인생 모든 시기에 이 책을 가까이 두기 바란다."

루이 기글리오 (Louie Giglio)
『Goliath Must Fall』 저자, 패션시티교회 목사, 'Passion Conference' 설립자

"절망과 염려가 전염병처럼 만연한 세상에서, 맥스는 우리의 확고하고 분명한 소망이 하나님의 불변하는 약속에서 발견됨을 상기시켜 준다."

실라 월시 (Sheila Walsh), 『It's Okay Not to Be Okay』 저자

감사의 글

사십.

노아는 40일 동안 홍수 속에서 물 위를 떠 다녔다.

모세는 40년을 광야에서 보냈다.

히브리인들은 40년간 광야에서 방황했다.

예수님은 40일의 시험을 견디셨다.

40이라는 숫자에는 뭔가 의미심장한 게 있다. 내가 어떠한 사실을 언급하도록 당신이 허락해 준다면 말이다. 이 책은 나의 40번째 책이다. 이에 대해 나보다 더 감사할 사람은 없을 거다. 생각해 보라. 하나님께서 스스로 자랑하기 좋아하고 자기중심적인 어느 회심한 술고래에게 40권은 고사하고 단 한 페이지만 쓰게 하신다 해도, 그것은 하나님의 선하심과 은혜로우심에 대한 한 편의 간증이 될 것이다.

"하나님 아버지, 감사합니다. 그리고 소중한 동료와 친구들에게도 감사합니다."

- **카렌 힐과 리즈 히니** 최고의 수준으로 작업해 준 편집자들이다.

- **캐럴 바틀리** 대체 불가한 교열 담당자다.

- **스티브와 셰릴 그린** 다른 언어로 당신들의 이름은 '신실하고 진실하다.'라는 뜻을 지닙니다. 당신들은 정말 그러하니까요.

- **HCCP의 슈퍼영웅들** 마크 쉰월드, 데이비드 모베리, 브라이언 햄프턴, 마크 글레스네, 제설린 포기, 리에릭 페스코, 쟈넨 맥이버, 데비 니콜스, 로라 민츄.

- **브랜드 팀 매니저들인 그레그와 수잔 리곤** 누구도 당신들보다 더 유능할 수 없고, 저보다 더 감사할 수 없을 겁니다.

- **행정도우미 제니 패딜라와 마가렛 메키누스** 당신들이 해 준 모든 것에 감사합니다!

- **오크힐즈교회 스태프** 우리는 약속 위에 서는 법을 함께 배우고 있지요.

- **눈부신 우리 가족** 브렛, 제나, 로지, 그리고 맥스, 안드레아, 제프와 세라, 어떤 아빠나 할아버지도 나보다 더 자랑스러울 수 없단다.

- **그리고 사랑하는 아내, 데날린** 나에게 시인의 펜이 있다 해도, 당신에게 줄 별이 있다 해도 당신을 향한 나의 사랑을 보여 줄 수 없을 거요.

믿음이 없어 하나님의 약속을 의심하지 않고
믿음으로 견고하여져서

롬 4:20

하나님의 약속

이로써 그 보배롭고 지극히 큰 약속을
우리에게 주사 이 약속으로 말미암아
너희가 … 신성한 성품에
참여하는 자가 되게 하려 하셨느니라.
베드로후서 1:4

1
Unshakable Hope

하나님께서 우리에게
보배롭고 지극히
큰 약속을 주셨다

랍비와 왕의 차이가 극명했다.

유대인 랍비는 늙고 등이 굽어 있었다. 신체적으로 장점이라 할 만한 게 없었다. 감옥에서 보낸 2년의 세월로 그는 수척했고, 볼은 움푹 패어 얼룩덜룩했다. 지갑에는 동전 몇 개뿐이었고, 수행원은 고작 친구 몇 명이 전부였다. 대머리가 그의 월계관이었다. 수염은 덥수룩한 회색이었다. 떠돌이 선생의 소박한 겉옷을 걸치고 있었다. 왕에 비해 평범하고 가난했다. 물론 이 왕과 비교하면 대부분의 사람들이 평범하고 가난했을 것이다.

아그립바 왕은 화려한 모습으로 법정에 들어섰다. 그와 그의 누이는 자줏빛 옷을 멋지게 차려입었다. 그 뒤를 로마 병사들이 따랐다. 아그립바는 임명받은 통치자였고, 종교 책임자였으며, 그 지역의 감독관이었다.

반면 바울은 그저 선교사였다. 이 군주의 재판을 두려워할 이유가 충분했다. 아그립바는 헤롯 왕가에서 가장 최근에 왕이 된 자였고, 그리스도와 그 제자들에 관여했던 헤롯 중 마지막 왕이었다. 아그립바의 증조부는 아기 예수를 죽이기 위해 베들레헴의 어린이들을 학살했다. 종조부는 세례 요한을 죽였다. 그리고 아버지인 아그립바 1세는 야고보를 처형하고, 베드로를 감옥에 가뒀다. 그의 일가가 예수파 사람들을 제거하려 했다고 할 수 있을 정도다.

그리고 지금은 바울이 그 앞에 섰다. 바울은 새로운 종교를 설파한다는 이유로 감옥에 갇히고 핍박을 받았다. 그는 어떻게 자신을 변호할 것인가? 자비에 호소할까? 기적을 구할까? 그의 생애 가장 중요한 연설로 손꼽히는 이 설교에서 바울은 자신의 일을 어떻게 설명할 것인가? 소개를 마친 후 바울은 이렇게 말했다. "이제도 여기 서서 심문받는 것은 하나님이 우리 조상에게 약속하신 것을 바라는 까닭이니"(행 26:6).

바울의 변론에는 자기 업적에 대한 언급이 없었다("당신도 알다시피 나는 죽은 자를 다시 살린 것으로 유명하오"). 선처를 구하지도 않았다("나는 로마 시민이오"). 자기 행위를 정당화하지도 않았다("나는 그저 열린 사고를 가졌을 뿐이오"). 유일한 변호는 이것이었다. "나는 하나님의 약속을 믿소."

아브라함과 이삭과 야곱도 그랬다. 그 목록에는 노아, 마리아, 이사야, 베드로도 포함된다. 성경의 영웅들은 각계각층이었다. 왕, 종, 교사, 의사였다. 남자와 여자, 미혼과 기혼이었다. 하지만 한 가지 공통분모가 그들을 묶어 주었다. 바로 그들이 하나님의 약속 위에 자신의 삶을 세웠다는 점이다. 하나님의 약속 때문에 노아는 '비'라는 말이 생겨나기도 전에 '비'를 믿었다. 하나님의 약속 때문에 아브라함은 안락한 고향을 떠나, 본 적도 없는 곳으로 향했다. 하나님의 약속 때문에 여호수아는 이백만 명을 이끌고 적진으로 나아갔다. 하나님의 약속 때문에 다윗은 물맷돌로 거인의 머리를 때렸고, 베드로는 회한이 서린 잿더미에서 일어섰으며, 바울은 목숨을 바칠 만한 은혜를 발견했다.

어느 성경 기자는 그들을 "약속을 기업으로 받는 자들"(히 6:17)이라고 부르기까지 했다. 그 약속이 마치 가보(家寶)라도 되는 듯, 그들은 영리하게도 그 뜻을 읽어 내는 데 신중을 기했다.

믿음으로 노아는 아직 보이지 않는 일에 경고하심을 받아 경외함으로 방주를 준비하여 그 집을 구원하였으니 … 믿음으로 아브라함은 부르심을 받았을 때에 순종하여 장래의 유업으로 받을 땅에 나아갈새 갈 바를 알지 못하고 나아갔으며 … 동일한 약속을 유업으로 함께 받은 이삭 및 야곱과 더불어 장막에 거하였으니 … 믿음으로 사라 자신도 나이가 많아 단산하였으나 잉태할 수 있는 힘을 얻었으니 이는 약속하신 이를 미쁘신 줄 알았음이라. … 아브라함은 시험을 받을 때에 믿음으로 이삭을 드렸으니 그는 약속들을 받은 자로되 그 외아들을 드렸느니라(히 11:7-17).

그들의 목록은 몇 절이나 계속된다. 야곱이 하나님의 약속을 믿었다. 요셉이 하나님의 약속을 믿었다. 모세가 하나님의 약속을 믿었다. 각각의 이야기는 다르지만 주제는 동일했다. 믿음의 순례길에서 하나님의 약속이 북극성 역할을 했다는 것이다. 그들에게는 선택할 수 있는 수많은 약속이 있었다.

어느 성경연구가가 1년 반을 들여 하나님께서 인간에게 주신 약속의 총계를 내 보았다. 총 7,487개나 되었다! [1] 하나님의 약속은 로키산맥의 소나무다. 풍성하고 굽힘이 없으며 영원하다. 어떤 약속은 긍정적이다. 축복을 보장한다. 어떤 약속은 부정적이다. 뒤따르는 결과를 보증한다. 어쨌거나 모든 약속에는 구속력이 있다. 하나님은 약속하시는 분일 뿐 아니라 약속을 지키시는 분이기도 하기 때문이다.

하나님은 이스라엘 백성이 새로운 땅을 직면하도록 준비시키시며 다음과 같이 약속하셨다.

여호와께서 이르시되 보라. 내가 언약을 세우나니 곧 내가 아직 온 땅 아무 국민에게도 행하지 아니한 이적을 너희 전체 백성 앞에 행할 것이라. 네가 머무는 나라 백성이 다 여호와의 행하심을 보리니 내가 너를 위하여 행할 일이 두려운 것임이니라(출 34:10).

하나님은 이스라엘의 강함을 강조하지 않으셨다. 하나님의 강함을 강조하셨다. 이스라엘의 능력을 강조하지 않으셨다. 하나님의 능력을 강조하셨다. 하나님은 약속을 하고 그 약속을 지키는 자신의 능력을 강조하심으로써 이스라엘이 긴 여행에 대비하게 하셨다.

성경은 첫 장에서부터 하나님이 얼마나 믿을 만한 분인지 밝힌다. 성경은 "하나님이 이르시되"를 아홉 번이나 반복한다. 뿐만 아니라 하나님이 말씀하시면 예외 없이 놀라운 일이 일어난다. 하나님의 명령으로 빛, 땅, 해변, 그리고 생물들이 생겨났다. 하나님은 그 누구에게 어떤 조언도 듣지 않으셨다. 어떤 도움도 필요 없으셨다. 그분은 말씀하셨고, 모든 것이 말씀하신 대로 되었다. 독자는 한 가지 결론과 함께 남겨진다. 하나님의 말씀은 확실하다. 그분의 말씀은 반드시 이루어진다.

> 여호와의 말씀으로 하늘이 지음이 되었으며 그 만상을 그의 입 기운으로 이루었도다. 그가 바닷물을 모아 무더기같이 쌓으시며 깊은 물을 곳간에 두시도다. 온 땅은 여호와를 두려워하며 세상의 모든 거민들은 그를 경외할지어다. 그가 말씀하시매 이루어졌으며 명령하시매 견고히 섰도다
> (시 33:6-9).

하나님께서 목청을 가다듬으시자 우주가 나타났다. 하나님의 권위는 분명했다.

동일한 능력이 예수 그리스도 안에 보인다. 언젠가 로마 군대의 지휘관이 예수님을 찾아와 자기 하인을 낫게 해 달라고 요청했다. 예수

님은 그 사람의 집으로 가자고 제안하셨다. 하지만 그는 이렇게 말하며 거절했다.

"주여, 내 집에 들어오심을 나는 감당하지 못하겠사오니 다만 말씀으로만 하옵소서. 그러면 내 하인이 낫겠사옵나이다. 나도 남의 수하에 있는 사람이요 내 아래에도 군사가 있으니 이더러 가라 하면 가고 저더러 오라 하면 오고 내 종더러 이것을 하라 하면 하나이다." 예수께서 들으시고 놀랍게 여겨 따르는 자들에게 이르시되 "내가 진실로 너희에게 이르노니 이스라엘 중 아무에게서도 이만한 믿음을 보지 못하였노라." … 예수께서 백부장에게 이르시되 "가라. 네 믿은 대로 될지어다." 하시니 그 즉시 하인이 나으니라(마 8:8-10, 13).

예수님은 왜 백부장의 믿음을 칭찬하셨는가? 백부장은 자신의 말을 지키실 예수님의 능력을 믿었기 때문이다. 사실 이 이야기는 예수님께서 믿음을 어떻게 정의하시는지 보여 준다. **믿음은 하나님께서 그분의 약속을 지키실 것이라는 깊은 확신이다.** 그 로마 지휘관은 다음과 같이 단순한 진리를 이해하고 있었다. 하나님은 자신의 약속을 깨지 않으실 것이다(참으로 깰 수 없으시다). 하나님의 언약은 어길 수 없다. 모래에 쓰인 게 아니라 화강암에 새겨졌다. 그분의 말씀은 반드시 이루어질 것이다. 반드시! 하나님의 약속은 다음과 같은 그분의 성품 때문에 결코 번복될 수 없다.

- **하나님은 불변하신다.** 그분은 처음과 끝을 보신다. 예상치 못한 일로 허를 찔리는 일이 없으시다. 중간 궤도 수정도 없으시다. 분위기나 날씨에 희생되지도 않으신다. "그는 변함도 없으시고 회전하는 그림자도 없으시니라"(약 1:17).
- **하나님은 신실하시다.** "또 약속하신 이는 미쁘시니"(히 10:23).
- **하나님은 강하시다.** 그분은 과하게 약속하지 않으시고, 약속을 덜 지키지도 않으신다. "약속하신 그것을 또한 능히 이루실 줄을 확신하였으니"(롬 4:21).
- **하나님은 거짓말을 못하신다.** "하나님이 거짓말을 하실 수 없는 이 두 가지 변하지 못할 사실로 말미암아"(히 6:18). 바위는 수영을 못한다. 하마는 날지 못한다. 나비는 스파게티 한 그릇을 먹지 못한다. 당신은 구름 위에서 자지 못한다. 그리고 하나님은 거짓말을 못하신다. 그분은 과장, 조작, 허언, 아첨하는 법이 없으시다. 이 성경구절은 하나님이 거짓말을 하실 가능성이나 개연성이 낮다는 뜻이 아니다. 이 진술문은 명확하다. 그것은 완전히 불가능하다는 것이다! 성경본문이 이보다 더 단호할 수 없다. "거짓이 없으신 하나님"(딛 1:2). 속임은 불가능하다. "하나님은 약속을 어기시는 분이 아닙니다!"(딛 1:2, 메시지성경)

'하나님은 약속을 지키시는 분'이라는 주제는 어린 시절을 떠올리게 만든다. 열두 살 즈음에 아버지를 따라 가족이 탈 차의 새 타이어를 사러 갔다. 아버지는 작은 시골에서 소박하게 사신 분이었다. 멋쟁이 양복이나 화려함을 좋아하지 않으셨다. 신뢰할 만한 유전 정비공으로서 가족을 사랑하고, 청구서를 지불하고, 약속을 지키는 분이셨다. 그런데 아버지의 정직함을 의심하는 사람들로 인해 모욕을 당하셨다. 새 타이어를 사러 간 그날, 아버지는 타이어 가게에서 모욕을 당하셨다.

아버지는 타이어를 고르고 타이어가 장착되기를 기다리셨다. 돈을 지불할 시간이 되었을 때, 나는 아버지가 수표를 끊으시는 동안 계산대 앞에 계신 아버지 옆에 서 있었다. 판매원이 수표를 보더니 아버지에게 신분증을 달라고 했다. 오늘날에는 그런 관행이 아무 문제가 되지 않지만 1960년대에는 판매원이 고객에게 신분증을 요구하는 일이 드물었다.

깜짝 놀란 아버지는 판매원에게 이렇게 말씀하셨다.

"수표에 적힌 사람이 나라는 걸 못 믿겠다는 거군요."

점원은 당황했다.

"저희는 모든 고객에게 신분증을 요구합니다."

"내가 부정직한 사람이라고 생각합니까?"

"그렇지 않습니다, 선생님."

"내가 내 말을 지킬 만한 사람이라고 생각하지 않는다면 저 타이어들을 떼어 내도 좋아요."

점원이 어떻게 할지 망설이는 동안 어색한 침묵이 길게 흘렀다.

결국 우리는 타이어를 가지고 집에 왔다. 나는 정직함에 대한 교훈도 함께 가져왔다. 선한 사람들은 약속을 지키는 데 진지하다. 그러니 선하신 하나님은 얼마나 더 진지하시겠는가? 이스라엘을 향한 하나님의 신실하심에 관한 말씀은 곧 우리를 향한 신실하심이라고 할 수 있다. "여호와께서 이스라엘 족속에게 말씀하신 선한 말씀이 하나도 남음이 없이 다 응하였더라"(수 21:45).

문제는 '하나님께서 약속을 지키실 것인가'가 아니라 '우리가 그 약속 위에 우리 삶을 세울 것인가'이다.

나에겐 기이한 버릇이 많다. 그중에서도 왼손 엄지가 흔들리는 것을 빼놓을 수 없다. 내 왼손 엄지는 지난 수십 년간 떨고 있다. 마치 왼손 엄지가 카페인에 중독되어 있는 것처럼 말이다. 내가 왼손으로 음료 한 잔을 들고 있어야 한다면 난 여기저기 음료를 흘리게 될 것이다. 하지만 난 왼손잡이가 아니다. 그래서 떨림은 내게 문제가 되지 않는다. 오히려 나는 누군가와 대화를 시작할 때 그걸 이용한다("여기 봐요, 떨리는 엄지 한번 구경해 볼래요? 이제 당신도 특이한 점을 좀 보여줘 봐요").

나는 자라면서 이 지엽적인 떨림에 익숙해졌다. 하지만 처음에는 평온하지 못했다. 그 흔들림이 나를 흔들었다. 분명 어떤 병이 찾아온 것이라고 생각했다. 아버지가 루게릭병으로 돌아가셨기 때문에 나의 상상력은 최악의 경우를 가정했다. 왼손 엄지는 내가 가는 곳 어디나 따라가기 때문에 늘 불안했다. 머리를 빗을 때면 '후들후들' 씨가 있다. 골프를 칠 때 안정을 찾지 못하는 게 누구일지 맞춰 보라. 설교 중에 내가 요점을 주장하려고 왼손을 들면 당신은 그 흔들리는 관절 때문에 내 말을 신뢰하지 못할 것이다.

결국 나는 신경과 의사를 찾아갔다. 진료실에 들어가면서 입이 바싹 마르고 두려웠다. 의사는 혈액검사지를 훑은 다음 나를 진찰했다. 그러고는 나에게 걷기, 균형 잡기, 손가락으로 접시돌리기를 시켰다 (농담이다. 그런 건 안 시켰다). 그는 고무망치로 내 무릎을 두드리더니 몇 가지 질문을 던졌다. 그리고 한참이 지난 후에 "걱정할 필요 없습니다."라고 말했다.

"확실한가요?"

"네. 그렇습니다."

"치료도 필요 없어요?"

"필요 없어요."

"휠체어도 필요 없어요?"

"제가 보기에는 필요 없어요."

"확실한가요?"

그러자 의사가 심오한 말을 했다. "약속하지요." 그는 나를 안심시켰다. "엄지손가락이 떨리는 것은 별로 걱정할 일이 아니에요."

나는 깡충 뛰어내려서 의사에게 감사를 표한 뒤 진료실을 걸어 나왔다. 기분이 한결 나아졌다. 차에 올라 집으로 가기 위해 운전을 시작했다. 신호에 걸려 잠시 서 있는 동안 핸들을 잡은 왼손을 주목했다. 내 왼손 엄지가 무엇을 하고 있었는지 아는가? 그렇다. 여전히 떨고 있었다. 그 떨림이 나타난 이후 처음으로 나는 그것을 다르게 보기 시작했다. 나는 그 문제를 놓고 심각하게 고민할 수도, 의사의 약속을 떠올릴 수도 있었다. 염려를 선택할 수도, 소망을 선택할 수도 있었다. 그중에서 나는 소망을 골랐다. 진부하게 들리겠지만 나는 내 엄지에게 이렇게 말했다. "넌 이제 더 이상 내 근심거리가 아니야. 의사가 내게 약속했거든, 네가 해롭지 않다고 말이야." 그 순간 이후 나는 엄지가 이상하게 행동할 때마다 의사의 약속을 떠올렸다.

당신의 세상에서는 무엇이 흔들리고 있는가?

당신의 엄지일 가능성은 낮을 것이다. 하지만 당신의 미래, 당신의 믿음, 당신의 가정, 당신의 재정은 흔들릴 수 있다. 바깥 저곳은 흔들리는 세상이다.

흔들리지 않는 소망이 있다면 사용하겠는가?

만일 그러겠다면 당신만 그런 생각을 하는 것이 아니라는 것을 알려주겠다. 우리는 절망의 시대를 살고 있다. 미국의 자살률은 1999년 이후 24퍼센트나 증가했다.[2] 24퍼센트! 만일 다른 질병이 그토록 가파른 증가를 보인다면 우리는 그것을 전염병으로 간주할 것이다. 그런 증가속도를 어떻게 설명할 수 있겠는가? 지금처럼 높은 교육을 받은 시대가 없었는데, 우리에겐 부모 세대가 꿈도 꾸지 못한 테크놀로지가 있는데, 엔터테인먼트와 레크리에이션에 젖어 사는데, 그럼에도 그 어느 때보다 많은 사람이 자신의 죽음을 기획하고 있다. 대체 어찌 된 일인가?

대답 중에는 분명 이런 것도 있을 것이다. 사람들이 소망의 결핍으로 죽어 가고 있다고 말이다. 세속주의는 사회로부터 소망을 빨아들인다. 세상을 단지 출생과 죽음 사이의 몇 십 년으로 축소시킨다. 많은 사람이 이 세상은 처음에 그것이 생길 때와 다를 바 없이 선하다고 믿는다. 하지만 직면해 보자. 이 세상은 사람들의 믿음만큼 선하지 않다.

하지만 약속의 사람들에겐 유리한 점이 있다. 그들은 하나님의 약속을 곰곰이 생각하고, 선포하고, 기도하기로 마음을 정한다. 그들은 "믿음이 없어 하나님의 약속을 의심하지 않고 믿음으로 견고하여"(롬 4:20)졌던 아브라함과 같다.

그들은 하나님의 약속으로 삶을 필터링한다. 문제가 표면에 드러날 때 스스로에게 "그렇지만 하나님께서 말씀하셨지."라고 이야기한다. 싸움이 위협적일 때 그들은 "하나님께서 이에 대해 뭔가를 말씀하셨던 것 같은데"라며 성경말씀으로 상황을 뒤집는다. 다른 이들을 위로할 땐 "이 문제에 관한 하나님의 약속을 아세요?"라고 묻는다.

하나님의 약속은 치료제가 놓인 약제선반과 같다. 의사가 당신의 몸을 위해 약을 처방해 주는 것처럼, 하나님은 당신의 마음을 위해 약속의 말씀을 주셨다. 벗이 벗에게 주는 선물처럼 하나님은 그 약속을 나누신다. "여호와의 친밀하심이 그를 경외하는 자들에게 있음이여 그의 언약을 그들에게 보이시리로다"(시 25:14).

하나님은 우리 삶의 모든 문제에 약속을 주셨다. 스스로에게 처방전을 써 줄 수 있을 만큼 그 약속과 친숙해지는 것을 목표로 삼으라.

- 나는 오늘이 두려워. 사사기 6장 12절 "여호와께서 너와 함께 계시도다." 약병을 열어야 할 때야. 하나님께 가까이 갈 권리를 주장하겠어.

- 세상이 통제 불능인 것 같아. 로마서 8장 28절 "모든 것이 합력하여 선을 이루느니라."를 복용할 때가 왔어.

- 지평선에서 올라오는 검은 구름이 보여. 예수님이 뭐라고 말씀하셨지? 오, 이제 생각났어. "세상에서는 너희가 환난을 당하나 담대하라. 내가 세상을 이기었노라"(요 16:33).

내가 40년의 사역을 통해 발견한 것은 하나님의 약속만큼 지친 영혼을 일으켜 세우는 게 없다는 것이다. 이 책에는 내가 좋아하는 약속들이 들어 있다. 그중의 많은 수가 '기댈 수 있는' 약속이다. 긴 세월 동안 다른 사람을 격려할 때, 그리고 나 자신을 격려할 때 의지했던 것들이다. 우리에겐 절대적으로 그것이 필요하다. 우리에게 필요한 건 더 많은 옵션이나 직감이 아니다. 하나님의 능력과 사랑에 대한 명확한 선포다. 하나님은 이 보배롭고 지극히 큰 약속을 따라 세상을 다스리신다.

삶의 환경과 하나님의 약속. 당신은 둘 중 어디 위에 서 있는가?

예수님은 자기 집을 짓는 두 명의 건축자 이야기를 들려 주셨다. 그들에겐 비슷한 자재와 계획, 그리고 동일한 포부가 있었다. 두 사람은 집을 짓고 싶었다. 하지만 한 사람은 값싸고 접근이 용이한 모래땅을 선호했다. 다른 한 사람은 비싸지만 내구성이 좋은 돌을 주추로 삼기로 했다.

> 그러므로 누구든지 나의 이 말을 듣고 행하는 자는 그 집을 반석 위에 지은 지혜로운 사람 같으리니, 비가 내리고 창수가 나고 바람이 불어 그 집에 부딪치되 무너지지 아니하나니 이는 주추를 반석 위에 놓은 까닭이요. 나의 이 말을 듣고 행하지 아니하는 자는 그 집을 모래 위에 지은 어리석은 사람 같으리니 비가 내리고 창수가 나고 바람이 불어 그 집에 부딪치매 무너져 그 무너짐이 심하니라(마 7:24-27).

지혜로운 사람과 어리석은 사람을 가르는 차이는 무엇인가? 두 사람 모두 하나님의 말씀을 듣는다. 그러나 지혜로운 사람만이 그 말씀 위에 자기 집을 세운다.

당신의 주추는 무엇으로 만들어졌는가? 이 비유의 현대식 버전은 이렇지 않을까 싶다.

> 두 사람이 각각 자신의 집을 세우기 시작했다. 첫 번째 사람은 RPF (Regrets[후회], Pain[고통], Fear[두려움]) 용품점에 갔다. 그는 죄책감으로 썩어 버린 목재와 고통으로 녹슨 못과 염려로 젖어 버린 시멘트를 주문했다. RPF 물품으로 건축된 집에서 그의 삶은 매일매일이 후회와 고통과 두려움으로 소모되었다.

두 번째 건축자는 다른 용품점을 선택했다. 그는 Hope 주식회사의 물품을 확보했고, 그 속에서 후회와 고통과 두려움이 아닌 은혜와 보호와 안심의 풍성한 약속을 발견했다. 그렇게 의도적, 의식적으로 소망이라는 곳간에서 자신의 삶을 세우기로 결정을 내렸다.

두 건축자 중 누가 더 지혜로운가? 누가 더 행복한가? 당신과 비슷한 사람은 누구인가?

여기서 당신과 나누고 싶은 하나님의 약속이 하나 있다. 이 또한 내 삶을 세우는 말씀 중 하나다.

이는 비와 눈이 하늘로부터 내려서 그리로 되돌아가지 아니하고 땅을 적셔서 소출이 나게 하며 싹이 나게 하여 파종하는 자에게는 종자를 주며 먹는 자에게는 양식을 줌과 같이 내 입에서 나가는 말도 이와 같이 헛되이 내게로 되돌아오지 아니하고 나의 기뻐하는 뜻을 이루며 내가 보낸 일에 형통함이니라(사 55:10-11).

하나님의 약속의 확실성에 주목하라. 하나님의 말씀은 "나의 기뻐하는 뜻을 이루며 내가 보낸 일에 형통"하다.

하나님의 말씀이 하늘에서 당신 위에 비처럼 내리는 장면을 그려 보라. 그 약속이 부드러운 봄비라고 상상해 보라. 그 약속을 받으라. 그 약속이 당신 위에 내려앉아 당신을 흠뻑 적시게 하라.

나는 하나님의 말씀이 당신의 삶에서 형통하리라 믿는다. 당신도 나와 함께 이 약속을 믿겠는가?

베드로에 의하면 하나님의 약속은 적당히 큰 게 아니다. "지극히 크다." 그저 그렇게 귀한 게 아니다. "보배롭다"(벧후 1:4). 그 약속을 당신의 목에 매는 것은 당신을 우주에서 가장 멋진 보석으로 꾸미는 것이다. 이 **보배롭고 지극히 큰 약속**을 통해 우리는 하나님의 거룩한 성품에 참예한다.

하나님의 약속은 우리를 새로운 현실, 거룩한 환경으로 인도한다. 그것은 독성이 강한 습지대를 벗어나 천국의 맑은 공기로 인도해 주는 표지판이다. 그것은 하나님의 세계로 가는 길의 황금돌처럼 놓여 있다. 죄에서 벗어나 구원으로 가는 다리를 이루는 강한 바위다. 또한 하나님의 약속은 성경의 척추를 촘촘히 이어 주는 바늘땀이다.

미국의 전도자 드와이트 무디(Dwight Moody)는 다음과 같이 말했다.

어떤 사람을 한 달간 하나님의 약속으로 먹여 보라. 그러면 그는 자신의 가난에 대해 말하지 않을 것이다. … 만약 당신이 창세기부터 요한계시록까지 읽으면서 하나님께서 아브라함에게, 이삭에게, 야곱에게, 유대인과 이방인에게, 그리고 온 땅 모든 백성에게 하신 모든 약속을 본다면, 만약 당신이 한 달 동안 하나님의 보배로운 약속을 먹는다면, 당신은 자신이 얼마나 가난한지에 대해 불평하지 않을 것이다. 오히려 자신감 있게 고개를 들고 하나님의 은혜가 얼마나 풍요한지 선포할 것이다. 하나님의 약속 앞

에서는 누구나 그럴 수밖에 없기 때문이다. [3]

우리 모두 창조될 때의 모습이 되자. 그것은 바로 약속의 사람이다. 다음의 선언을 가까이에 두라. 그리고 큰 소리로 말하라. 허파를 공기로 채우고 심장은 소망으로 채우라. 당신이 하나님의 선하심을 선포하는 소리를 사탄이 듣게 하라.

나는 하나님의 약속 위에 나의 삶을 세운다.
하나님의 말씀은 깨어지지 않으므로 나의 소망도 흔들리지 않는다.
나는 삶의 문제나 고통 위에 서지 않는다.
나는 하나님의 보배롭고 지극히 큰 약속 위에 선다.

소망의 약속 되새기기

1. 히브리서 11장 7-34절에 나열된 '믿음의 영웅들'은 누구인가? 왜 그들이 영웅으로 여겨지는가?

2. 이번 장에서 믿음은 '하나님께서 그분의 약속을 지키실 것이라는 깊은 확신'으로 정의된다. 지금의 당신 삶을 볼 때, 하나님께서 그분의 약속을 지키실 것이라고 믿는 것이 쉬운가, 어려운가? 그 이유는 무엇인가?

3. 마태복음 8장 5-11절을 읽으라. 성경은 사람들이 예수님을 어떻게 놀라워했는지 묘사한다. 수많은 사람이 예수님께서 어떻게 기적을 행하시는지, 병자를 고치시는지, 귀신을 내어 쫓으시는지 보고 경외함으로 그분을 따랐다. 하지만 이 이야기에서 우리는 놀란 주인공이 바로 예수님이심을 본다. 예수님은 왜 놀라셨는가? 그리고 그 사건이 예수님을 믿는 우리의 믿음을 그분이 어떻게 평가하시는지에 대해 무엇을 말해 주는가?

4. 저자는 우리가 하나님을 약속하시는 분이자 그 약속을 지키시는 분으로 신뢰할 수 있는 이유를 묘사한 성경구절을 인용한다.

    "그는 변함도 없으시고 회전하는 그림자도 없으시니라"(약 1:17).
    _하나님의 성품은 불변하시고 안정적이시다.
    "또 약속하신 이는 미쁘시니"(히 10:23).
    _하나님은 신실하시다.
    "약속하신 그것을 또한 능히 이루실 줄을 확신하였으니"(롬 4:21).
    _하나님은 강하시다. 그분의 능력은 한이 없으시다.
    "하나님이 거짓말을 하실 수 없는 이 두 가지 변하지 못할 사실로 말미암아"(히 6:18).
    _하나님은 거짓말을 못하신다. 오직 진리만을 말씀하신다.

    • 여기에 언급한 하나님의 성품 중 당신이 처한 현재 상황에서 기억해야 할 성품은 무엇인가?
    • 이러한 하나님의 성품을 아는 것이 당신에게 어떻게 하나님의 약속 안에서 소망을 주는가?

5. 저자는 왼손 엄지가 흔들리는 이야기를 나눈 후 자신에게 두 가지 선택이 있었다고 말

한다. 즉 그는 심각하게 고민할 수도, 의사의 약속을 떠올릴 수도 있었다. 오늘 당신은 무슨 문제를 놓고 심각하게 고민하고 있는가?

6. 하나님께서 주신 다음의 약속들을 살펴보자.

    "여호와께서 너와 함께 계시도다"(삿 6:12).
    "우리가 알거니와 하나님을 사랑하는 자 곧 그의 뜻대로 부르심을 입은 자들에게는 모든 것이 합력하여 선을 이루느니라"(롬 8:28).
    "세상에서는 너희가 환난을 당하나 담대하라. 내가 세상을 이기었노라"(요 16:33).

    - 여기 언급한 약속들 중 오늘 당신이 심각하게 고민하고 있는 문제와 싸울 수 있는 약속은 무엇인가?
    - 이 약속들이 당신의 삶에서 작동되는 것을 본 적 있는가? 어떤 상황이었는가? 하나님께서 과거에 그분의 약속을 지키신 방법을 기억하는 것이 어떻게 당신에게 하나님께서 현재와 미래에 그분의 약속을 지키실 것이라는 소망을 주는가?

7. 베드로는 다음과 같이 기록했다. "(하나님이) 그 보배롭고 지극히 큰 약속을 우리에게 주사 이 약속으로 말미암아 너희가 정욕 때문에 세상에서 썩어질 것을 피하여 신성한 성품에 참여하는 자가 되게 하려 하셨느니라"(벧후 1:4). "보배롭다"라고 번역된 헬라어는 **티미오스**(timios)이며, "값비싼, 진귀한, 소중히 여기는, 높이 평가되는, 지극히 귀한"[4]이라는 뜻을 지닌다. 아마도 당신은 살면서 많은 것(가족과 친구, 직업, 집 등)을 소중히 여길 것이다. 그렇다면 하나님의 약속도 특별하고 소중하게 여기는가? 말씀을 존중하고 경외하는가? 아니면 세상의 재물과 사람을 하나님의 약속보다 더 귀하게 여기는가?

8. 당신은 하나님의 사람으로서 어떻게 성장해야 하는가?

    - 하나님의 약속을 믿는 것에 그치지 않고 그것이 얼마나 풍성한지 상기하는가?
    - 삶에 지쳐서 하나님께서 약속을 지키신다는 것을 의심하지는 않는가?
    - 이 책이 하나님의 약속에 관해 배우는 첫 시간인가?
    - 믿음의 경주에서 당신이 지금 어디에 있는지 확인하라. 이 책을 읽은 후 당신은 어디에 서고 싶은가?

하나님의 약속

하나님이 이르시되 우리의 형상을 따라
우리의 모양대로 우리가 사람을 만들고
창세기 1:26

2
Unshakable Hope

당신은
하나님의 형상으로
지음받았다

얼마 전 나는 우리 교회에서 사용할 설교 한 편을 녹화했다. 먼저 촬영팀을 섭외한 다음 그들과 함께 알라모로 향했다. 그리고 텍사스 자유의 성지 앞 벤치를 골라 장비를 설치했다. 분주했다. 네 명의 일꾼이 조명과 카메라로 시각과 음향을 조정했다. 나는 벤치에 앉아 생각을 다듬기 위해 애썼다. 겉으로 보기에는 뭔가 공적인 촬영처럼 보였을 것이다. 그래서인지 지나가던 행인들이 발걸음을 멈추기 시작했다. 어떤 사람들은 가만히 지켜보기도 했다. '저 남자 누구지?' '저 사람들이 찍는 게 뭐지?'

그때 한 여성이 호기심을 보이며 질문했다. 그녀는 팀원들 뒤에서 나에게 이렇게 소리쳤다. "당신은 중요한 사람인가요?"

사실 지구상의 모든 사람이 같은 질문을 한다. 벤치에 앉은 빨간 머리 남자에 대해서가 아니라 그들 자신에 대해서 말이다.

나는 중요한 사람인가?

회사가 당신을 숫자로 볼 때, 남자친구가 당신에게 무심할 때, 헤어진 전 배우자가 당신을 탈진시킬 때, 세월이 당신의 품위를 앗아갈 땐 당신이 조금도 중요하지 않다고 느끼기 쉽다. '내가 중요한 인물이냐고? 아닌 거 같은데….'

그러므로 당신이 이 질문과 씨름할 때에는 반드시 당신이 하나님에 의해, 하나님의 형상대로, 하나님의 영광을 위해 창조되었다는 하나님의 약속을 기억하라.

> 하나님께서 이르시되 "우리의 형상을 따라 우리의 모양대로 우리가 사람을 만들고 그들로 바다의 물고기와 하늘의 새와 가축과 온 땅과 땅에 기는 모든 것을 다스리게 하자." 하시고 (창 1:26).

이 말씀에는 놀라운 약속이 내포되어 있다. 하나님이 우리로 하여금 하나님의 형상을 반영하게 하셨다는 것이다.

하나님께서 우리를 창조하신 것은 다른 어떤 피조물보다 그분을 더 닮게 하시기 위해서였다.

하나님은 "우리의 형상을 따라 바다를 만들자."라거나 "우리의 모양대로 새를 만들자."라고 선포하지 않으셨다. 저 높은 하늘은 하나님의 영광을 반영하지만 하나님의 형상대로 지음받지 않았다. 하지만 우리는 그렇다.

그 누구도 자기기만에 빠지지 않고서는 신이 될 수 없다. 하지만 누구나 하나님의 공유적 속성의 일부를 지니고 있다. 지혜, 사랑, 은혜, 친절, 영원을 사모하는 마음 등은 우리를 동물과 구별되게 하고, 우리가 거룩하신 창조주의 지문을 지니고 있음을 암시한다. 우리는 **하나님의 형상**을 따라 **하나님의 모양**대로 창조되었다.

이 용어는 뒤에서 좀 더 명확히 규정할 것이다. "아담은 백삼십 세에 자기의 모양 곧 자기의 형상과 같은 아들을 낳아 이름을 셋이라 하였고"(창 5:3). 셋은 자기 아버지의 형상과 모양을 지녔다. 어쩌면 아버지의 곱슬머리나 검은 눈을 가졌을지도 모른다. 배꼽을 가졌다는 점을 제외하고는 많은 면에서 아담을 닮았을 것이다.

우리도 그렇다. 우리는 많은 면에서 하나님을 **닮았다**. 이 약속에는 예외가 없다. 모든 남자와 여자, 태어났든 아직 태어나지 않았든, 부자이든 가난하든, 도시에 살든 시골에 살든, 누구나 하나님의 형상을 닮았다. 어떤 사람들은 그러한 사실을 숨긴다. 어떤 사람들은 칭송한다. 어떻게 반응하든 모든 사람이 하나님의 형상을 따라 창조되었다.

그런데 죄가 이 형상을 뒤틀어 놓았다. 그러나 완전히 파괴하지는 않았다. 우리의 도덕적 순수함은 더럽혀졌다. 우리의 지성도 어리석은 생각들로 오염되었다. 우리는 하나님보다 자기 자신을 높이려는 마약에 사로잡혔다. 때로는 하나님의 형상을 분별하기 어려울 때가 있다. 그러나 한 순간이라도 하나님께서 약속을 철회하시거나 계획을 변경하셨다고 생각하지 말라. 하나님은 지금도 그분의 성품을 닮고 그분의 영광을 반영하도록, 그분의 형상을 따라 사람을 만들어 가신다.

신약성경은 우리를 하나님의 형상대로 만들기 위한 하나님의 점진적인 사역을 설명한다. 우리가 하나님과 교제하고, 하나님의 말씀을 읽고, 하나님의 명령에 순종하고, 하나님의 성품을 이해하며 반영하려 애쓸 때 놀라운 일이 나타나기 시작한다. 아니, 좀 더 정확히 설명하면 놀라운 **사람**이 나타나기 시작한다. 하나님이 우리에게서 나오신다. 우리는 하나님이 말씀하실 만한 것들을 말하고, 하나님이 행하실 만한 것들을 행한다. 용서하고, 나누고, 사랑한다. 마치 하나님께서 낡은 동전의 얼룩을 문질러 없애시는 것 같다. 그러다 마침내 한 형상이 나타나기 시작한다.

하나님의 목표는 이것이다. 즉 하나님의 형상이 우리 안에 보이도록 그분의 것이 아닌 모든 것을 문질러 없애는 것이다.

다음은 사도 바울을 통해 주신 하나님의 설명이다.

너희가 … 옛 사람과 그 행위를 벗어 버리고 새사람을 입었으니 이는 자기를 창조하신 이의 형상을 따라 지식에까지 새롭게 하심을 입은 자니라 (골 3:9-10).

우리가 … 그와 같은 형상으로 변화하여 영광에서 영광에 이르니 곧 주의 영으로 말미암음이니라(고후 3:18).

당신의 내면을 들여다보고 거기서 당신의 가치를 찾으라고 말하는 대중심리학은 틀렸다. 당신이 날씬하고, 근육질이고, 주름이 없고, 향수를 뿌렸을 때만 훌륭하다고 말하는 잡지들도 틀렸다. 당신의 건강, 지능, 순자산이 늘어날 때만 당신의 가치가 높아진다고 암시하는 영화들도 틀렸다. 당신의 교회 출석, 자기 훈련, 영성에 따라 당신의 중요도를 평가하겠다고 주장하는 교회 지도자들은 거짓말을 하는 거다.

성경에 의하면, 당신은 단지 하나님께서 당신을 그분의 형상대로 만드셨기 때문에 훌륭하다. 그것으로 충분하다. 하나님은 당신이 그분을 닮았기 때문에 당신을 소중히 여기신다. 그리고 당신은 하나님의 형상을 지닌 자의 역할을 감당할 때만 만족을 누릴 것이다. 다윗 왕의 관점도 그러했다. "나는 의로운 중에 주의 얼굴을 뵈오리니 깰 때에 주의 형상으로 만족하리이다"(시 17:15).

이 약속을 굳게 붙들고, 혼돈과 두려움의 세상에서 자신을 지키라. 모든 사람이 '**나는 하나님의 영광을 위해 창조되었고, 하나님의 형상으로 빚어지고 있다**'는 사실을 믿기로 선택하면 얼마나 많은 슬픔이 사라져 버리는지 모른다.

이 책을 집필하던 어느 날, 내 딸 제나가 사무실로 찾아왔다. 제나는 지금 무당벌레처럼 둥글다. 하나님께서 허락하신다면 여섯 달 후에 딸을 낳을 것이다. 그 아기에 대해 하고픈 말이 있다. 나는 그 아기를 사랑한다. 아직 한 번도 본 적 없지만 사랑한다. 그 아기는 내 사랑을 받기 위해 아무것도 하지 않았다. 그래도 나는 사랑한다. 내게 커피 한 잔을 가져다준 적이 없고, 나를 할아버지라고 부른 적도 없다. 노래를 불러 준 일도, 나와 함께 춤을 춘 적도 없다. 그 아기는 아무 일도 하지 않았다!

그럼에도 나는 이미 그 아기를 사랑한다. 그 아기를 위해 무슨 일이든 할 것이다. 이건 절대로 과장이 아니다. 왜일까? 왜 나는 그 아기를 이토록 사랑할까? 그 아기는 나의 일부를 지니고 있기 때문이다. 분명 작은 부분이지만 엄연한 나의 일부다.

하나님께서 왜 영원한 사랑으로 당신을 사랑하실까? 당신과는 전혀 상관이 없다. 전적으로 당신이 누구의 소유인지와 관련되어 있다. 당신은 그분의 것이다. 당신은 그분의 일부를 지니고 있다. 당신 안에는 그분의 무언가가 있다. 그분은 그분의 형상대로 당신을 만드셨다. 당신의 심장에 그분의 이름으로 도장을 찍으셨다. 당신의 허파에 생명의 숨을 불어넣으셨다.

누군가는 당신이 가망 없는 사람이라고 했다. 누군가는 당신을 실패자로 낙인찍었다. 누군가는 당신을 무가치하다고 버렸다. 그들에게 귀 기울이지 말라. 그들은 자기가 무슨 말을 하고 있는지도 모른다. 하나님의 불씨가 당신 안에 깃들어 있다. 당신이 하나님께 "예."라고 말할 때, 그분은 그 거룩한 불씨에 불을 붙이시고, 그것은 곧 불꽃이 되기 시작한다. 그것은 당신 안에서 매일매일 자라난다. 당신은 온전한가? 아니다. 하지만 온전해지는 중이다. 그분이 당신을 사셨고, 지금 당신을 소유하고 계시다. 당신을 향한 열정적이고 불가해한 사랑을 갖고 계시다. 당신을 향한 그분의 사랑은 당신에 의해 좌우되지 않는다. 당신은 하나님의 아이디어다. 하나님의 자녀다. 하나님의 형상대로 창조되었다.

이 진리가 당신의 심장에 닿게 하라. 당신은 부모에 의해 잉태되기 전에 하나님에 의해 잉태되었다. 이 땅에 알려지기 전에 천국에서 사랑받았다. 당신은 우연히 생겨난 존재가 아니다. 유전학이나 진화의 무작위적 사건이 아니다. 당신의 몸무게나 SNS 팔로워의 숫자로 정의되지 않는다. 당신이 소유한 차나 입는 옷에 의해 정의되지도 않는다.

최고 경영자이든 실업자이든 상관없다.
인기가 많든 아니든 상관없다.
명문가의 자녀이든 고아이든 상관없다.
아이큐가 높든 낮든 상관없다.
일급 선수이든 탈락 선수이든 상관없다.

당신은 하나님의 형상을 닮아 가고 있다. 당신의 이력서에 그것을 적으라. 당신은 다이아몬드요, 장미요, 보석이요, 예수 그리스도의 피로 산 자다. 하나님 눈에 당신은 생명을 바칠 가치가 있는 자다. 이 진리를 당신이 자기 자신을 보는 방식으로 삼겠는가? 또한 당신이 다른 사람들을 보는 방식으로 규정하겠는가? 당신이 바라보는 모든 사람은 하나님에 의해 창조되었고 그분의 형상을 지니고 있다. 그러한 존재라는 사실만으로 존중받고 존경받을 가치가 충분하다. 이 말은 곧 모든 사람이 자신의 존재, 곧 '하나님의 형상을 지닌 자'로서 충분한 가치를 지닌다는 것이다.

이 약속이 사회에 미칠 영향력을 상상해 보라. 어떤 정중함을 낳을지! 어떤 친절함을 만들지! 이웃 사람들이 하나님의 형상을 지니고 있다고 믿을 때 인종차별은 힘을 잃게 될 것이다. 상대가 하나님의 아이디어라고 믿을 때 반목이라는 불이 연료를 얻지 못할 것이다. 남성이 여성을 학대할까? 여성이 하나님의 도장을 지닌 자라고 믿는다면 그렇게 못한다. 고용주가 종업원을 무시할까? 종업원이 하나님의 불씨를 지닌 자라고 믿는다면 그렇게 못한다. 사회가 극빈자, 정신질환자, 사형수, 난민을 가치 없게 여길까? 아니다. 모든 인간이 하나님의 아이디어이고 하나님께는 나쁜 아이디어가 없다고 진실로 믿는다면 그렇게 못한다.

당신과 나는 하나님이 만드셨다. 그분을 알고 그분을 알리기 위해서다.

어린아이는 "나 좀 보세요!"라고 말하는 경향이 있다. 세발자전거를 타고 "내가 가는 것 좀 보세요!"라고 한다. 트램펄린 위에서 "내가 뛰는 것 좀 보세요!"라고 한다. 그네 위에서 "내가 그네 타는 걸 보세요!"라고 한다. 어린아이의 행동으로는 충분히 받아들여진다. 하지만 많은 사람이 똑같은 말을 하며 성인의 시기를 보내고 있다. "이렇게 멋진 차를 운전하는 나를 좀 봐!" "돈을 잘 버는 나를 좀 봐!" "도발적인 옷을 입은 나를 좀 봐!" "자랑하는 나를 좀 봐!" "울퉁불퉁 근육이 솟은 나를 좀 봐!" "나를 좀 보라고!"

우리, 이제는 조금 자라야 하지 않을까? 우리는 "하나님을 보라"고 말하는 삶을 살라고 지음받았다. 사람들은 우리에게 시선을 줄 것이고, 우리가 아닌 우리 창조주의 형상을 보게 될 것이다.

이것이 하나님의 계획이다. 하나님의 약속이다. 하나님은 그것을 성취하실 것이다! 우리를 그분의 형상대로 빚으실 것이다.

소망의 약속 되새기기

1. 다음 빈칸을 채우라.

   하나님은 우리를 그분의 _____ 창조하셨다(창 1:26 참조). 이 사실이 인간과 하나님의 다른 피조물을 비교할 때, 인간에 관해 무엇을 암시하는가?

2. 우리 모두가 가진 하나님의 공유적 속성은 무엇인가?

3. 성경은 "우리가 … 그와 같은 형상으로 변화하여 영광에서 영광에 이르니 곧 주의 영으로 말미암음이니라"(고후 3:18)라고 기록한다. 우리가 이미 하나님의 형상대로 창조되었다면, 영원토록 풍성한 영광 가운데 그분의 형상으로 **변화된다**'는 것은 무엇을 의미하는가?

4. 우리는 자신을 정의하고, 정체성을 찾기 위해 하나님보다 사람과 사물을 기대할 때가 많다. 당신은 무엇에서, 혹은 누구에게서 당신의 정체성을 찾으려 하는가?

5. 저자는 태중에 있는 손녀딸에 대한 사랑을 언급하면서, 하나님께서도 우리가 그분의 형상을 지니고 있다는 이유만으로 우리를 사랑하신다고 말한다. 당신은 이것이 믿어지는가, 아니면 잘 믿어지지 않는가? 그 이유는 무엇인가?

6. 평생 동안 사람들은 우리에게 우리가 누구인지 말해 주려 한다. 누군가 당신에게 거짓 꼬리표를 붙인 적이 있는가?

   - 있다면, 그것이 당신이 스스로를 보는 방식에 어떤 영향을 미쳤는가?
   - 없다면, 당신이 누군가에게 거짓 꼬리표를 붙인 적이 있는가? 그 결과가 어떠했는가?

7. 다른 사람들이 당신에게 붙인 꼬리표와 싸우려면 성경이 우리를 누구라고 말하는지 살펴보는 것이 좋다. 다음 구절을 읽고 당신의 정체성에 대해 무엇이라고 말하는지 생각해 보라. 이 구절들은 당신이 스스로에 대해 받아들였던 거짓 꼬리표와 충돌하며 어떤 진리를 밝혀 주는가?

"그러므로 네가 이후로는 종이 아니요 아들이니 아들이면 하나님으로 말미암아 유업을 받을 자니라"(갈 4:7).

"하나님이 죄를 알지도 못하신 이를 우리를 대신하여 죄로 삼으신 것은 우리로 하여금 그 안에서 하나님의 의가 되게 하려 하심이라"(고후 5:21).

"그러므로 내가 너희에게 이르노니 목숨을 위하여 무엇을 먹을까 무엇을 마실까 몸을 위하여 무엇을 입을까 염려하지 말라. 목숨이 음식보다 중하지 아니하며 몸이 의복보다 중하지 아니하냐. 공중의 새를 보라. 심지도 않고 거두지도 않고 창고에 모아들이지도 아니하되 너희 하늘 아버지께서 기르시나니 너희는 이것들보다 귀하지 아니하냐"(마 6:25–26).

"내 형질이 이루어지기 전에 주의 눈이 보셨으며 나를 위하여 정한 날이 하루도 되기 전에 주의 책에 다 기록이 되었나이다. 하나님이여 주의 생각이 내게 어찌 그리 보배로우신지요. 그 수가 어찌 그리 많은지요"(시 139:16–17).

8. 하나님이 모든 사람의 창조주이시기 때문에 우리는 그분의 형상을 지니고 있다.

- 모든 사람이 하나님의 형상을 지녔다는 사실이 당신이 다른 사람들을 보는 방식 및 그들과 교제하는 방식에 어떤 영향을 미치는가?
- 이 사실이 당신이 살면서 만날 가장 어려운 사람들과 교제하는 방식을 어떻게 변화시키는가?

9. 당신 주변에서 '하나님의 형상을 지닌 자'라는 진리를 삶으로 살아내는 사람을 떠올려 보라.

- 그 사람은 어떻게 하나님을 반영하는가?
- 그 사람을 통한 교훈이 오늘 하루 당신을 하나님의 형상을 지닌 자로서 어떻게 살게 하는가?

하나님의 약속

평강의 하나님께서 속히 사탄을
너희 발아래에서 상하게 하시리라.
로마서 16:20

3

Unshakable Hope

사탄의 날은 끝난다

나들이를 떠나는 사람들의 생각이 우리를 놀라게 하지는 않는다. 그들은 점심을 챙겨서 일요일 오후에 어딘가로 떠나는 맨 처음 사람도, 맨 나중 사람도 아니었다.

그날은 7월의 어느 조용하고 화창한 날이었다. 교외로 떠나는 나들이는 멋졌을 거다. 하지만 그 무리를 주목하게 만드는 건 소풍 바구니가 아니었다. 그 바구니를 어디서 풀 건지였다.

그곳은 바로 전쟁터였다. 1861년 7월 21일, 워싱턴 사람들은 말과 마차를 타고 머내서스(Manassas)로 향했다. 북부연맹군이 이른바 짧은 반역의 종지부를 찍는 것을 보기 위해서였다. 그들은 돗자리를 깔고 앉아 닭고기를 먹으며 멀리서 응원하기 시작했다.

그것을 본 병사 하나가 그들을 가리켜 "한 무리의 관광객"이라고 묘사했다.

"그들은 온갖 방법을 동원하여 이곳으로 왔다. 어떤 사람들은 멋쟁이 마차를 타고, 어떤 사람들은 전세 마차를 타고, 또 어떤 사람들은 달구지나 말을 타고 왔다. 심지어 걸어서도 왔다. … 그날은 일요일이었고 모두가 평범한 휴일을 보내고 있는 것처럼 보였다."[1]

'런던타임즈'(London Times) 기자는 이렇게 진술했다. "구경꾼들 모두가 흥분해 있었다. 오페라 망원경을 든 숙녀는 … 보기 드물게 무거운 대포 소리를 듣고 정신을 차리지 못했다. … '오, 장관이에요. 세상에나! 정말 끝내주지 않아요?'"[2]

오래지 않아 현실이 닥쳐왔다. 포격 소리, 여기저기로 튀는 피, 부상당한 군인들의 비명 소리에 사람들은 그것이 더 이상 나들이가 아님을 깨달았다. 아버지들은 자녀의 손을 잡아챘고, 남편들은 아내를 소리쳐 불렀다. 그리고 서둘러 마차와 말에 올라탔다. 일부는 "앞다투어 후퇴하는 북부연맹군의 무리 안에 갇혀 버렸다."[3] 구경꾼 중 하나였던 뉴욕 출신 국회의원은 남부연합군에 잡혀서 6개월 가까이 감옥 신세를 지기도 했다.[4]

구경꾼들이 전쟁터에 소풍 바구니를 가져오는 건 그날이 마지막이었다. 하지만 정말 마지막이었을까? 우리도 유사한 실수를 하는 건 아닐까? 그와 비슷하게 잘못된 생각을 품는 건 아닐까? 워싱턴 사람들이 했던 그 일을 오늘날 우리가 하는 건 아닐까?

성경에 의하면 우리는 지금 맹렬한 전쟁을 치르는 중이다.

우리의 씨름은 혈과 육을 상대하는 것이 아니요 통치자들과 권세들과 이 어둠의 세상 주관자들과 하늘에 있는 악의 영들을 상대함이라. 그러므로 하나님의 전신 갑주를 취하라. 이는 악한 날에 너희가 능히 대적하고 모든 일을 행한 후에 서기 위함이라. 그런즉 서서 진리로 너희 허리띠를 띠고 의의 호심경을 붙이고 평안의 복음이 준비한 것으로 신을 신고 모든 것 위에 믿음의 방패를 가지고 이로써 능히 악한 자의 모든 불화살을 소멸하고 (엡 6:12-16).

성경은 우리의 믿음을 위협하는 진짜 적은 사탄이라고 말한다. 헬라어로 '사탄'은 '디아볼로'(diabolos)이고, 그 어근은 '쪼개다'를 의미하는 동사 '디아발레인'(diaballein)과 같다.[5]

사탄은 쪼개는 자, 나누는 자, 이간질하는 자다. 그는 에덴동산에서 아담과 하와를 하나님에게서 분리시켰고, 마찬가지로 당신 또한 하나님께로부터 분리시키기 좋아한다. 사탄은 불신자를 지옥으로 데려가기 원하며 신자의 삶을 지옥으로 만들기 원한다.

이런 생각은 케케묵은 것일까?

당신은 혹 사탄에 관한 논의에 '미신'이나 '구식 종교'라는 라벨을 붙이지 않는가?

만일 그렇다면, 당신만 그런 게 아니라는 것을 알려 주겠다. 바나 그

룹(the Barna Group)의 설문조사에 의하면 "그리스도인 열 명 중 넷(40%)이 '사탄은 살아 있는 존재가 아니라 단지 악의 상징일 뿐이다.'라는 말에 강하게 동의했다. 또한 그리스도인 열 명 중 둘(19%)이 '앞의 의견에 많은 부분 동의한다'고 말했다. 소수(35%)의 그리스도인만 '사탄이 실재한다고 믿는다.'에 표시했다. 나머지는 자신이 사탄의 존재를 믿는지 여부를 잘 모르고 있었다."[6]

이와 같이 대부분의 그리스도인이 사탄의 존재를 믿지 않으려 한다. 아마도 사탄은 이러한 조롱이나 회의를 대단히 기뻐할 것이다.

사탄이 심각하게 받아들여지지 않는 한, 사탄은 악한 일을 하는 데 자유롭다.

당신이 처한 불행의 원천을 진단할 수 없다면 어떻게 그것과 싸울 수 있겠는가?

사탄은 당신의 삶을 엉망진창으로 만들고 거기에서 자기 이름이 쏙 빠지기를 원한다.

그러나 하나님은 사탄이 그렇게 하도록 내버려 두지 않으신다.

성경은 사탄의 활동을 추적해서 우주의 창조와 에덴동산에서의 뱀의 등장 사이에 발생했던 반역의 순간으로 거슬러 올라간다.

하나님이 세상을 창조하셨을 때 "하나님이 지으신 그 모든 것을 보시니 보시기에 심히 좋았"다(창 1:31).

태초에는 모든 것이 좋았다. 물방울 하나, 나무 한 그루, 짐승 한 마리, 천사 하나하나가 다 좋았다. 그러나 창세기 1장과 3장에 기록된 두 사건 사이에 한 천사가 하나님께 반역하는 무리를 이끌고 천국에서 내쳐졌다.

에스겔 선지자는 그의 몰락을 이렇게 묘사했다.

주 여호와의 말씀에 "너는 완전한 도장이었고 지혜가 충족하며 온전히 아름다웠도다. 네가 옛적에 하나님의 동산 에덴에 있어서 … 너는 기름부음을 받고 지키는 그룹임이여 내가 너를 세우매 네가 하나님의 성산에 있어서 불타는 돌들 사이에 왕래하였도다. 네가 지음을 받던 날로부터 네 모든 길에 완전하더니 마침내 네게서 불의가 드러났도다"(겔 28:12-15).

하나님이 누구에게 말씀하시는가? 이 존재는

- 에덴동산에 있었다.
- 지키는 그룹으로 기름부음을 받았다.
- 하나님의 거룩한 산에 거했다.
- 지음을 받던 날부터 불의가 드러날 때까지는 완전했다.

이 자가 사탄이 아니고 누구겠는가? 이 예언은 사탄의 타락을 묘사한 것일 수밖에 없다.

네 무역이 많으므로 네 가운데에 강포가 가득하여 네가 범죄하였도다. 너

지키는 그룹아, 그러므로 내가 너를 더럽게 여겨 하나님의 산에서 쫓아냈고 불타는 돌들 사이에서 멸하였도다. 네가 아름다우므로 마음이 교만하였으며 네가 영화로우므로 네 지혜를 더럽혔음이여 내가 너를 땅에 던져 왕들 앞에 두어 그들의 구경거리가 되게 하였도다(겔 28:16-17).

루시퍼의 마음은 교만해졌다. 경배하는 것에 만족하지 못하고 경배받으려 했다(사 14:12-15). 하나님의 보좌 앞에 절하는 것에 만족하지 못하고 그 자리에 앉으려 했다. 교만이 하나님께서 미워하시는 죄라는 사실은 조금도 놀랄 일이 아니다(잠 6:16-17, 8:13). 바울이 디모데에게 새로 입교한 자에게 사역 맡기는 일을 서두르지 말라고, 그러지 않으면 그가 교만하여져서 사탄을 정죄하는 죄에 빠질 수 있다고 주장한 것 또한 놀랄 일이 아니다(딤전 3:6).

사탄은 교만에 굴복했다. 그 결과 천국 밖으로 쫓겨났다. 예수님은 그 추방을 언급하시면서 이렇게 말씀하셨다. "사탄이 하늘로부터 번개같이 떨어지는 것을 내가 보았노라"(눅 10:18). 번개의 내리침은 짧고 긴박하다. 사탄이 떨어질 때도 똑같았다.

하지만 사탄이 하늘에서 쫓겨났다고 해서 우리 삶과 무관한 것은 아니다. "근신하라. 깨어라. 너희 대적 마귀가 우는 사자같이 두루 다니며 삼킬 자를 찾나니"(벧전 5:8).

사탄이 오는 것은 "도둑질하고 죽이고 멸망시키려는 것뿐"이다(요 10:10).

지금 행복을 누리고 있는가? 사탄은 그 행복을 도둑질하기 원한다. 기쁨을 발견했는가? 사탄은 그 기쁨을 죽이려 할 것이다. 배우자를 사랑하는가? 사탄은 당신의 결혼을 멸망시키기 좋아한다. 사탄은 하나님께서 당신에게 주신 삶을 망가뜨리는 적이다. 그는 당신의 영혼의 파괴자가 되기를 갈망한다.

사탄을 소홀히 여기지 말라. 성경의 증언을 받으라.

성경의 첫 페이지부터 마지막 페이지까지 우리는 대단히 교활하고 강력하고 오만한 반(反)하나님 세력과 대치하고 있다. 그는 사탄, 뱀, 강한 자, 사자, 악한 자, 참소하는 자, 이 세상의 신, 살인자, 이 세상 임금, 공중의 권세 잡은 자, 바알세불, 벨리알이다. 그는 공화국, 권력, 영토, 왕좌, 군주, 국왕, 신, 천사, 부정한 악령 등 영의 세력의 집합체를 감독한다.

사탄은 태초에 에덴동산에 나타난다. 그리고 결국 불에 던져진다. 사탄은 다윗을 유혹했고, 사울을 혼란스럽게 했으며, 욥을 공격했다. 사탄은 복음서에도, 사도행전에도, 바울과 베드로와 요한과 야고보와 유다의 서신에도 있다.

성경을 진지하게 연구하는 사람들은 사탄에 대해서도 영락없이 진지하다.

예수님도 진지하셨다. 예수님은 광야에서 사탄과 싸우셨다(마 4:1-11). 사탄을 청중의 마음에서 복음을 낚아채는 자로 못 박으셨다(막 4:15; 마 13:19).

십자가에 달리시기 전, 예수님은 다음과 같이 선포하셨다. "이제 … 이 세상의 임금이 쫓겨나리라"(요 12:31).

예수님은 사탄을 단순히 미신적인 형상이나 우화의 창작물로 보지 않으셨다. 초인적인 자기도취자로 보셨다. 예수님께서 우리에게 기도를 가르치실 때 "우리를 모호하고 부정적인 감정에서 구하시옵소서."라고 말씀하지 않으셨다. "악(악한 자—역주)에서 구하시옵소서"(마 6:13)라고 말씀하셨다.

사탄이 존재하지 않는 척할 때 우리는 사탄의 손에 놀아나는 것이다. 사탄은 실재한다.

하지만 (이것이 매우 중요하다) 그 **사탄은 패배했다.** 사탄이 성경을 읽게 된다면(그가 결코 하지 않을 행동이다) 대단히 위축될 것이다. 성경구절이 꼬리에 꼬리를 물며 사탄의 날이 계수되고 있음을 확실히 밝히기 때문이다.

"(예수님은) 통치자들과 권세들을 무력화하여 드러내어 구경거리로 삼으시고 십자가로 그들을 이기셨"다(골 2:15). 예수님은 확실하게 사탄을 이기셨다. 사탄과 그의 부하들은 최후 심판까지 짧은 줄에 매여 제한적인 자유를 누리고 있을 뿐이다.

그날에, 그 큰 날에 예수님은 사탄을 불못에 던지실 것이고 사탄은 거기서 결코 헤어나오지 못할 것이다(벧후 2:4; 유 1:6). 사탄은 전성기를 누리며 장악력을 가진 것처럼 보이지만, 하나님은 말씀하신 바를 반드시 이루시고 궁극적으로 승리하실 것이다.

내 친구 카터 콘론(Carter Conlon)은 이십 년이 넘도록 뉴욕에서 사역했지만 그 전에 오랜 시간을 농장에서 보냈다. 그는 헛간 앞마당이 사탄의 신분을 설명해 준다고 이야기한다.

어느 고양이 일가족이 헛간에 살았다. 엄마 고양이는 종종 쥐를 잡았다. 쥐를 괴롭히고 놀려서 쥐의 힘을 다 뺀 다음 쥐가 탈진하면 그제야 새끼들에게 가져와 쥐를 잡고 죽이는 법을 가르쳤다.

카터의 기억에 의하면, 쥐는 새끼 고양이들을 보자마자 뒷발로 서서 싸울 준비를 했다. 조그맣고 누런 이빨을 드러내며 작은 발톱을 세웠다. 그러고는 '쉬익' 소리를 내려고 시도했다.

쥐의 유일한 소망은 새끼 고양이들에게 자신이 패배자, 겁쟁이, 수적으로 열세인 쥐가 아닌 다른 존재라는 확신을 주는 것이었다. 하지만 그런 소망은 없다. 새끼들은 승리를 얻기 위해 쥐와 싸울 필요조차 없었다.[7]

예수님도 이미 천국의 쥐를 패배시키셨다.

사탄을 경계하라. 하지만 겁먹지는 말라. 사탄의 악취를 분별하는 법을 배우라. 그는 도둑질하고, 죽이고, 멸망시키러 왔다(요 10:10). 그러므로 강도짓과 죽음과 멸망을 볼 때마다 하나님께 돌이켜 기도하라. 사탄의 이름은 '분열시키는 자'이기 때문에 이혼과 거절과 고립을 볼 때마다 우리는 진짜 범인이 누구인지 알 수 있다.

즉시 성경으로 돌아가라. 사탄에 관해 가르치는 하나님의 약속 위에 서라.

평강의 하나님께서 속히 사탄을 너희 발아래에서 상하게 하시리라(롬 16:20).

너희 안에 계신 이가 세상에 있는 자보다 크심이라(요일 4:4).

오직 하나님은 미쁘사 너희가 감당하지 못할 시험 당함을 허락하지 아니하시고(고전 10:13).

마귀를 대적하라. 그리하면 너희를 피하리라(약 4:7).

마귀가 자기의 때가 얼마 남지 않은 줄을 알므로 크게 분내어(계 12:12).

하나님의 전신 갑주를 취하라. … 서서 진리로 너희 허리띠를 띠고 의의 호심경을 붙이고 평안의 복음이 준비한 것으로 신을 신고 모든 것 위에 믿음의 방패를 가지고 이로써 능히 악한 자의 모든 불화살을 소멸하고(엡 6:13-16).

반바지와 샌들 차림으로 전쟁터를 한가로이 걷는 사람보다는 군인들이 전쟁에 대해 더 잘 안다. 그들은 준비에 신경 쓴다. 전신 갑주를 입고 전쟁에 임한다.

우리도 그래야 한다!

모든 전쟁은 사탄 및 그의 세력과의 싸움이다. 그런 이유로 "우리가 육신으로 행하나 육신에 따라 싸우지 아니하노니 우리의 싸우는 무기는 육신에 속한 것이 아니요 오직 어떤 견고한 진도 무너뜨리는 하나님의 능력"이다(고후 10:3-4).

이 무기가 무엇인가? 기도, 예배, 성경이다.

기도할 때 우리는 사탄에 대항하여 싸우시는 하나님의 능력에 접속된다. 예배할 때 우리는 사탄이 결코 하지 않는 일, 곧 하나님을 보좌에 모시는 일을 한다. 성경이라는 검을 집어 들 때 우리는 예수님께서 광야에서 하셨던 것처럼 진리의 선포로 사탄에 대응한다. 사탄은 진리에 심각한 알레르기 반응을 보이기 때문에 예수님을 홀로 두고 떠나갔다.

사탄은 하나님이 높여지는 곳과 기도가 드려지는 곳에 오래 머물지 못한다. 사탄은 악하다. 하지만 결코 승리하지 못한다.

경기가 끝나기 전에 나는 이미 승자가 누구인지 알았다.

나는 목사이기 때문에 주일에 열리는 미식축구 경기를 볼 수 없다. 설교를 하고 있을 때 경기가 진행되기 때문이다. 하지만 불평한 적이 없다. 언제든 경기를 녹화할 수 있기 때문이다. 그래서 나는 녹화를 한다.

그런데 수많은 주일마다 호의 넘치는 성도가 문자나 이메일로 경기 결과를 나에게 알려 줘야겠다는 부담을 느낀다. 심지어 나는 '경기 녹화 중. 아무 말도 말 것!'이라고 쓰인 푯말을 몸에 달고 다닐까 고민했다.

그중 특히 한 경기가 생각난다. 내가 좋아하는 댈러스 카우보이 팀이 꼭 이겨야 하는 경기였다. 나는 녹화 준비를 철저히 하고 첫 번째 다운(한 번의 공격권에 주어지는 네 번의 공격 기회-역주)과 터치다운(공을 가지고 상대편의 골라인을 넘어서 얻은 득점-역주)이 있을 오후를 손꼽아 기다렸다. 경기와 관련된 어떠한 말도 피했다. 비밀을 누설할 가능성이 있다고 생각하는 사람과는 눈도 마주치지 않으려 했다. 그렇게 나는 제법 잘해냈다. 주차장에 세운 내 차에 도착할 때까지는 말이다. 그런데 주차장에 있던 어느 열성팬이 소리쳤다.

"맥스, 소식 들었어요? 카우보이가 이겼대요!"

'이런….'

그 순간 긴장감이 사라졌다. 좌불안석하는 초조함이 사라졌다. 손톱을 물어뜯고 눈을 질끈 감는 일도 하지 않게 되었다. 하지만 결과를 알고도 나는 여전히 경기가 보고 싶었다. 그리고 경기를 보면서 기분 좋은 깨달음을 얻었다. 결과를 알면 스트레스를 전혀 받지 않고 경기를 관람할 수 있다는 것이다!

2쿼터에 카우보이 팀이 뒤처졌지만 나는 걱정하지 않았다. 결과를 아니까. 경기 6분 동안 실수했지만 나는 패닉에 빠지지 않았다. 승자를 아니까. 마지막 몇 분 안에 터치다운을 해야 했지만 전혀 문제가 되지 않았다. 승리는 확실했다.

당신의 승리도 그러하다.

지금부터 마지막 호루라기 소리가 들릴 때까지 당신에게는 초조해질 많은 이유가 있을 것이다. 실수도 할 것이다. 사탄이 승리할 것처럼 보일 것이다. 마귀가 당신의 꿈과 운명을 가로챌 것이다. 좋은 것을 모두 잃을 것만 같을 것이다. 하지만 걱정할 필요가 없다. 당신과 나는 최종 스코어를 안다.

다음에 사탄의 고약한 냄새를 맡게 된다면 그가 제일 듣기 싫어하는 약속을 상기시켜 주라. "평강의 하나님께서 속히 사탄을 너희 발아래에서 상하게 하시리라"(롬 16:20).

이건 전쟁이다. 소풍 바구니를 준비하면 안 된다. 그러나 하나님께서 이미 이기신 전쟁이다. 그러므로 사탄에게 곁눈질 이상의 시선을 주지 말라.

소망의 약속 되새기기

1. 우리 삶에서의 사탄의 역할에 대한 생각과 견해는 매우 다양하다. 교회 안에서도 그렇다. 저자가 지적했듯이, 열 명 중 네 명의 그리스도인이 사탄은 살아 있는 존재가 아니라 단지 악의 상징일 뿐이라는 의견에 강하게 동의했다.
   - 사탄에 대한 성경의 묘사를 어떻게 생각하는가?
   - 사탄이 우리의 일상생활에서 어떤 역할을 한다고 믿는가? 만일 그렇다면 그가 무엇을 어떻게 하고 있는가? 만약 그렇지 않다면 그렇게 생각하는 이유는 무엇인가?

2. 사탄을 일컫는 헬라어는 **'디아볼로'**이며 '쪼개다'를 의미한다. 이 정의가 사탄의 동기를 어떻게 드러내는가? 또한 사탄이 우리를 상대로 펼치는 전략을 어떻게 드러내는가?

3. 에스겔 28장 12-17절을 읽으라. 저자는 이 구절을 사탄의 타락과 연결했다.
   - 이 구절에 따르면 사탄이 타락한 원인은 무엇인가?
   - 사람의 교만은 사탄과 어떤 관련이 있는가?(딤전 3:6 참고)

4. 베드로전서 5장 8절은 사탄이 "우는 사자같이 두루 다니며 삼킬 자를 찾는다"고 말한다.
   - 이것이 적절한 비유인가? 왜 그렇게 생각하는가?
   - 사탄을 이런 식으로 경험한 적이 있는가? 언제 어떻게 경험했는가?

5. 요한복음 10장 10절은 사탄이 오는 것은 "도둑질하고 죽이고 멸망시키려는 것뿐"이라고 말한다. 다음의 세 가지 동사를 생각해 보라.
   - 당신의 삶에서 사탄이 **도둑질하려는** 것은 무엇인가?
   - 당신의 삶에서 사탄이 **죽이려는** 것은 무엇인가?
   - 당신의 삶에서 사탄이 **멸망시키려는** 것은 무엇인가?

6. 마태복음 4장 1-11절을 읽으라. 본문에서 "시험하는 자"가 예수님을 세 번 시험했다.
   > "네가 만일 하나님의 아들이어든 명하여 이 돌들로 떡덩이가 되게 하라"(3절).
   > "네가 만일 하나님의 아들이어든 뛰어내리라. 기록되었으되, '그가 너를 위하여 그의 사자들을 명하시리니 그들이 손으로 너를 받들어 발이 돌에 부딪치지 않게 하리로다.' 하였느니라"(6절).
   > "마귀가 또 그를 데리고 지극히 높은 산으로 가서 천하만국과 그 영광을 보여 이르되, '만일 내게 엎드려 경배하면 이 모든 것을 네게 주리라'"(8-9절).

- 3절에서 시험하는 자가 예수님에게 사용한 전략은 무엇인가?
- 6절에서 사용한 전략은 무엇인가?
- 8-9절에서 사용한 전략은 무엇인가?

7. 마태복음 4장 1-11절에서 각 시험에 대한 예수님의 반응을 읽으라.

> "기록되었으되 '사람이 떡으로만 살 것이 아니요 하나님의 입으로부터 나오는 모든 말씀으로 살 것이라.' 하였느니라"(4절).
> "또 기록되었으되 '주 너의 하나님을 시험하지 말라.' 하였느니라"(7절).
> "사탄아, 물러가라. 기록되었으되 '주 너의 하나님께 경배하고 다만 그를 섬기라.' 하였느니라"(10절).

- 사탄에 대한 예수님의 전략은 무엇이었는가?
- 이 대화가 당신이 사탄의 거짓말에 대항하여 싸우는 방법에 대해 무엇을 알려 주는가?

8. 에베소서 6장 12-17절은 우리가 사탄에 대항하는 법에 대해 자세히 설명한다.

- 바울이 여기에서 나열한 전신갑주 목록은 무엇인가?
- 사탄이 이미 장악한 것처럼 보이는 당신 삶의 영역을 생각해 보라. 그 영역에서 사탄과 싸우기 위해 당신에게 필요한 전신갑주는 무엇인가? 오늘 당신은 어떻게 진리의 허리 띠, 의의 호심경, 성령의 검, 믿음의 방패를 갖출 수 있는가?

9. 오늘날 사탄이 이 땅을 배회하고 다니는 것이 언제까지나 계속되지는 않는다. 로마서 16장 20절을 읽으라.

- 사탄의 운명과 사탄이 우리 삶에 미치는 영향력에 대해 무엇이라고 말씀하는가?
- 당신이 오늘 사탄과 직면할 때, 이 진리가 어떻게 당신에게 소망을 줄 수 있는가?

10. 이번 장이 사탄에 대한 당신의 관점을 어떻게 변화시켰는가? 혹은 어떻게 도전하는가?

- 사탄이 실재하는 위협임을 상기시켜 주었는가?
- 사탄의 영향력이 그리스도의 영향력에 비해 유한하다는 것을 상기시켜 주었는가? 아니면 사탄이 궁극적으로 패했고 그의 권위는 서지 못한다는 사실을 기억해야 했는가?
- 이 지식을 당신이 오늘 직면하는 모든 유혹에 어떻게 적용할 수 있는가?

하나님의 약속

자녀이면 또한 상속자 곧 하나님의 상속자요
그리스도와 함께한 상속자니
로마서 8:17

4
Unshakable Hope

당신은 하나님의
상속자다

2012년 크리스마스가 지난 이틀 후, 예순의 티모시 헨리 그레이(Timothy Henry Gray)의 시체가 와이오밍 고가철도 밑에서 발견됐다. 폭행의 흔적은 없었다. 범죄나 못된 짓의 흔적도 없었다. 저체온증으로 사망한 무모한 노숙인 그레이는 그저 운 나쁜 추락의 희생자였다. 다음의 사실이 없었다면 말이다. 그는 사실 엄청난 유산을 상속받을 사람이었다!

그레이의 증조부는 부유한 구리 광산업자이자 철도 건설가였으며 네바다의 작은 마을(바로 라스베이거스다!)의 설립자였다. 그의 재산은 딸인 위게트(Huguette)가 물려받았다. 그리고 그녀는 104세의 나이로 2011년에 사망했다.

위게트는 3천 4백억 원의 유산을 남겼다. 그레이의 사망 시점에는 법원에서 유언장 집행이 대기 중이었다. 나중에 밝혀진 것처럼, 고가 철도 밑에서 사망한 그레이는 전혀 가난하지 않았다. 212억 원의 재산가였다.[1]

어떻게 큰 재산의 상속자가 극빈자처럼 죽을 수 있을까? 티모시 그레이는 틀림없이 자신의 가족사를 알았을 것이다. 대고모와 연락을 취해 봤을까? 잠재적인 유산을 조사는 해 보았을까?

이것은 나에게도 있을 수 있는 일이다! 나라면 친애하는 대고모님 댁 문 앞에 텐트를 칠 것이다. 돌 하나, 문서 한 장까지 샅샅이 뒤질 것이다.

어떻게 생각하는가? 우리라면 아마도 유산을 받으려는 목표를 달성했을 거다. 그렇지 않은가?

하지만 정말 그런가? 당신의 유산에 대해 말해 보자. 보석함에서 당신의 유산에 대한 보증서가 반짝인다. 그 보석함에는 당신을 향한 하나님의 약속이 가득하다. 당신은 상속자다. 하나님의 상속자요 그리스도와 함께한 상속자다(롬 8:17).

당신은 그저 하나님의 노예나 종이나 성도가 아니다. 당신은 하나님의 자녀다. 천국의 재산과 가업에 대한 법적 권리가 있다. 유언장은 이미 집행되었다. 법적 조건도 충족되었다. 당신의 영적 계좌가 채워졌다. 하나님은 "그리스도 안에서 하늘에 속한 모든 신령한 복을 우리에게 주"셨다(엡 1:3).

당신은 하나님이 바라시는 전부가 되기에 필요한 모든 것을 갖추었다. 하나님의 자원이 당신 안에 예치되어 있다.

더 많은 인내가 필요한가? 당신 것이다.

더 많은 기쁨이 필요한가? 구하라.

지혜가 부족한가? 하나님께 풍성한 지혜가 있다. 요청하라.

당신의 아버지는 부요하시다! "여호와여, 위대하심과 권능과 영광과 승리와 위엄이 다 주께 속하였사오니 천지에 있는 것이 다 주의 것이로소이다. 여호와여 주권도 주께 속하였사오니 주는 높으사 만물의 머리이심이니이다"(대상 29:11).

당신이 아무리 써도 하나님의 자원을 바닥낼 수 없다. 언제라도 하나님은 "내일 오거라. 지치고 피곤하구나. 힘을 다 썼어."라며 당신의 기도를 물리치지 않으신다.

하나님은 풍성하시다! 사랑이 많으시고, 소망이 풍부하시며, 지혜가 넘치신다.

하나님이 자기를 사랑하는 자들을 위하여 예비하신 모든 것은 눈으로 보지 못하고 귀로 듣지 못하고 사람의 마음으로 생각하지도 못하였다(고전 2:9).

당신을 향한 하나님의 꿈을 이해하기엔 당신의 상상력이 너무 빈약하다. 하나님은 요단강 동편에 당신과 함께 서 계시며, 가나안의 너비만큼 크게 손짓하시고, 여호수아에게 말씀하신 그대로 당신에게 말씀하신다. "강하고 담대하라. 너는 내가 그들의 조상에게 맹세하여 그들에게 주리라 한 땅을 이 백성에게 차지하게 하리라"(수 1:6).

약속의 사람들은 초자연적인 자원이 풍성함을 믿는다. 우리에게도 그런 자원이 필요하지 않은가? 우리는 쉽게 고갈되지 않는가? "해결책이 없어." 혹은 "손쓸 방법이 없는 걸." "이건 못 고쳐."라고 혼잣말할 때가 얼마나 많은가?

최근에 나는 내 삶의 원수들을 아내에게 읊어 주느라 족히 한 시간을 보냈다.

나는 약속과 마감시간에 압박감을 느꼈다. 계속 감기에 걸려 있는 상태였다. 교회에서는 동역자들 간에 긴장감이 있었다. 해외여행에서 막 돌아와 시차에 적응하지 못하고 있었다. 이혼 수속을 밟는 친구들의 소식을 들었다. 설상가상으로 편집자에게 빨강 잉크로 범벅된 원고를 받았다. 정말이지 퇴고가 필요 없는 장이 있는지 찾아봤지만 단 한 장도 없었다. 만신창이였다.

만약 당신이 내 마음속을 들여다볼 수 있었다면 비관주의 개론 교과서를 정독하는 것 같았을 것이다.

'내가 하는 일은 쓸모없어. 아마존 정글로 이사해서 오두막이나 짓고 살아야겠어. 작가, 목회자, 상담자, … 인간이 되는 데 필요한 조건 중에는 내가 가진 게 없어!'

몇 분이 흘렀을까. 데날린이 불쑥 끼어들며 이렇게 물었다. "여기 어딘가에 하나님이 계세요?"(아내가 이렇게 말하는 게 난 정말 싫다)

내게 무슨 일이 일어났는가?

나는 나의 자원에 초점을 맞추고 있었다. 하나님은 생각지도 않고 있었다. 하나님께 조언을 구하지도 않았다. 하나님께 돌이키지도 않았다. 하나님에 관해 말하지도 않았다. 나의 세상을 내 힘, 내 지혜, 내 능력에 국한시키고 있었다. 내가 갑자기 무너진 것은 전혀 이상한 일이 아니었다.

그런 때를 대비해 하나님은 이런 약속을 주신다. 우리는 "상속자 곧 하나님의 상속자요 그리스도와 함께한 상속자"다(롬 8:17).

실망, 우울, 낙담에게는 유산에 대한 약속이 없다. 그들에게 말해 주라. "나의 주님이 도와주실 거야. 힘이 오고 있는 중이거든. 게이지는 바닥을 치고 있을지 몰라도 연료가 떨어지는 일은 없을 거야. 내 아버지가 그렇게 두지 않으실 테니까. 나는 나를 사랑하시는 살아 계신 하나님의 자녀거든. 그분이 나를 도와주실 거야."

하나님께 받은 이 부활 생명의 삶은 결코 소심하거나 무거운 삶이 아닙니다. 이는 기대 넘치는 모험의 삶, 어린아이처럼 늘 하나님께 "다음은 또 뭐죠, 아빠?"라고 묻는 삶입니다. 하나님의 영이 우리의 영을 만지셔서 우리가 정말 누구인지를 확증해 주십니다. 우리는 하나님이 어떤 분이시고 우리가 누구인지를, 곧 그분은 우리의 아버지이시며 우리는 그분의 자녀라는 것을 알게 됩니다. 뿐만 아니라 장차 우리에게 주어질 믿을 수 없을 만큼 엄청난 상속에 대해서도 알게 됩니다(롬 8:15-17, 메시지성경).

우리가 만약 티모시 그레이를 알았다면 그에게 "이봐요, 그레이 씨, 당신은 부잣집 자손이고, 엄청난 재산의 상속자라고요. 이 다리 밑에서 나와서 유산을 달라고 요청해요."라고 말해 주었을 것이다.

천사들도 우리에게 "이봐요, 루케이도! 썩어 빠진 생각으로 가득 차 있군요. 당신은 그리스도의 기쁨을 상속받은 자예요. 예수님께 도와 달라고 부탁드리지 그래요?"

"그리고 당신, '사면초가' 씨! 당신은 하나님의 지혜의 보고를 상속받은 사람이잖아요? 인도하심을 구하지 않고 뭐해요?"

"'잔걱정' 부인! 왜 두려움이 잠을 훔쳐 가도록 내버려 두는 거죠? 예수님께는 풍성한 평안이 있어요. 당신은 하나님 신뢰 펀드의 수익자고요. 그분께 요청하세요."

하나님 앞에서 당신이 어떤 위치인지 생각하라. 당신이 하나님께 가는 건 이방인이 아닌 약속의 상속자로서다. 당신이 하나님 보좌에 다가가는 것은 침입자로서가 아니라 하나님의 영이 거하는 자녀로서다.

상속과 관련된 유명한 성경 이야기가 있다.

하나님께서는 애굽의 노예살이에서 해방된 히브리인들과 모세를 약속의 땅 끝자락으로 인도하시고 다음과 같이 제안하셨다.

"여호와께서 모세에게 말씀하여 이르시되 '사람을 보내어 **내가** 이스라엘 자손에게 **주는** 가나안 땅을 정탐하게 하되 그들의 조상의 가문 각 지파 중에서 지휘관 된 자 한 사람씩 보내라'"(민 13:1-2, 강조는 저자가 한 것).

하나님은 이스라엘 백성에게 그 땅을 정복하거나, 취하거나, 침략하거나, 종속시키거나, 확보하라고 말씀하지 않으셨다. 다만 하나님께서 그들에게 그 땅을 주시겠다고 말씀하셨다.

그들의 선택은 약속과 상황 둘 중 하나였다. 상황은 말했다. "절대 안 돼. 관여하지 마. 그 땅에는 거인들이 있다고." 그리고 하나님의 약속은 이렇게 말했다. "그 땅은 너희 것이야. 너희가 승리할 거라고. 가서 취해."

그들이 할 일은 어려운 상황에도 불구하고 그분의 약속을 신뢰하고 그분의 선물을 받아들이는 것이었다. 하지만 그들은 그렇게 하지 않았다. 나쁜 결정이었다. 그 결과 40년의 보호관찰에 들어갔다. 하나님은 한 세대가 광야에서 방황하게 내버려 두셨다. 새로운 유형의 제자들이 표면 위로 부상할 때까지 말이다.

여호수아는 그 세대의 지도자였다. 모세가 죽은 뒤, 하나님은 약속의 땅을 다시 제안하셨다. "여호와의 종 모세가 죽은 후에 여호와께서 모세의 수종자 눈의 아들 여호수아에게 말씀하여 이르시되 내 종 모세가 죽었으니 이제 너는 이 모든 백성과 더불어 일어나 이 요단을 건너 내가 그들 곧 이스라엘 자손에게 주는 그 땅으로 가라. 내가 모세에게 말한 바와 같이 너희 발바닥으로 밟는 곳은 모두 내가 너희에게 주었노니"(수 1:1-3).

일반적으로 우리는 여호수아가 그 땅을 취했다고 생각한다. 좀 더 정확히 말하면, 여호수아가 하나님의 말씀을 취했다고 생각한다. 물론 여호수아는 그 땅을 취했다. 하지만 그가 그렇게 한 것은 하나님의 약속을 신뢰했기 때문이다.

히브리 민족의 위대한 업적은 그들이 자신들의 기업(基業, 대대로 물려 내려오는 재산과 사업-역주)에서 살았다는 점이다. 사실 그 이야기는 다음과 같은 선포로 끝난다. "(여호수아가) 백성을 보내어 각기 기업으로 돌아가게 하였더라"(수 24:28).

그들을 위협하는 도전이 하나도 없었다고 말할 수 있을까? 여호수아서는 그렇지 않다고 분명하게 밝힌다. 요단강은 그 폭이 넓고, 여리고 성벽도 높았다. 악한 가나안 주민들은 싸움을 포기하지 않았다. 그럼에도 여호수아는 히브리인들을 이끌고 요단강을 건넜고, 여리고성을 무너뜨렸으며, 서른 한 명의 왕을 쳐부수었다. 여호수아는 도전에 직면할 때마다 믿음으로 맞섰다. 하나님이 약속하신 자신의 기업을 믿었기 때문이다.

당신이 그와 똑같은 상황에 직면한다면 어떨까?

'두려움'이라는 여리고 성벽이 당신 앞에 버티고 있다. 염려와 불안의 벽돌이 차곡차곡 쌓여 있다. 그것은 당신이 가나안에 들어가지 못하게 막는 요새다. 상황은 두려움 앞에 움츠리라고 말한다. 하지만 당신의 기업은 다르게 말한다. **당신은 왕의 자녀라고, 하나님의 온전한 사랑이 두려움을 내어 쫓는다고, 앞으로 전진하라고** 말이다.

당신의 기업을 선택하라.

혼돈의 왕들이 당신을 괴롭히고 있다. 그들 덕분에 당신은 당신의 정체성 및 운명과 씨름해 왔다. 인생에는 절대 가치나 목적이 없다는 거짓말에 속아 왔다. 이제 당신의 기업인 진리를 기억하라. 그것은 하나님의 인도하심이요, 당신을 가르치는 그분의 말씀이다.

당신의 기업을 선택하라.

그러면 당신을 위협하는 모든 도전이 사라질까? 여호수아에게는 그렇지 않았다. 그는 7년이나 싸웠다! 그러나 패배보다 더 많은 승리를 경험했다.

당신도 그럴 수 있다. 결국 하나의 단순한 결정에 이른다. 바로 하나님의 상속자이자 그리스도와 함께한 상속자로서의 당신의 지위를 믿고 받아들일 것인지에 대한 결정이다. "주께서 그러하심과 같이 우리도 이 세상에서 그러하니라"(요일 4:17). 우리는 종도, 먼 친척도 아니다. 우리가 받을 기업은 모든 점에서 예수님의 것과 똑같이 풍성하다. 예수님이 받으시는 것을 우리도 받는다.

어느 저녁, 당신이 집에서 쉬고 있는데 초인종이 울린다고 가정해 보자. 현관에 나가 보니 잘 차려입은 남자가 서 있다. 자신을 대형 부동산 전문 변호사라고 소개한다.

"저와 잠시 잠재적인 유산에 대해 이야기를 나누시겠어요?"

일반적으로 낯선 사람이 집에 들어오는 걸 허락하지는 않을 거다. 하지만 그가 "유산"이라고 말했다!

당신은 그에게 거실 소파를 내준다. 그는 서류가방에서 문서를 조금 꺼낸 뒤 질문을 시작한다. "어머니가 영국 출신이시죠?"

"예."

"어머니 성함이 메리 존스였나요?"

"예."

당신의 심장박동수가 올라간다.

"시카고에 정착하셨고요? 교사로 일하셨죠? 존 스미스 씨와 결혼했고, 5년 전 플로리다에서 사망하셨죠?"

"예. 예. 예. 예."

"당신이 존 스미스 주니어인가요?"

"예!"

"그렇다면 당신이 우리가 찾던 사람이군요. 당신의 어머니는 어머니의 삼촌에게서 큰 재산을 상속받으셨어요. 이제 그 유산은 당신 것입니다."

"정말이에요?"

"네, 정말입니다."

당신은 생각한다. '딜라즈(미국의 백화점 중 하나-역주)에서 새 신발을 살 수 있겠어.'

"유산의 규모가 상당히 큽니다."

'어쩌면 노드스트롬(미국의 고급 백화점 체인-역주)에 가야 할지도 모르겠는걸.'

"아마도 상상하는 것 이상일 겁니다."

'좋았어. 삭스 피프스 애비뉴(뉴욕의 명품 백화점-역주)야.'

"당신은 남아프리카의 금광을 상속받았습니다. 유산 전체를 계산하는 데 몇 년 걸릴 겁니다. 지금 당장은 선수금으로 222억을 드리겠습니다."

'이러다 삭스 피프스 애비뉴를 사겠는걸. **선수금이 이 정도면 전체 유산은 대체 얼마인 거야?**'

이것이 바로 약속의 사람들이 묻게 될 질문이다. 당신은 그리스도와 함께 하나님의 부동산을 상속받았다. 하나님은 당신이 삶의 도전에 직면하는 데 필요한 것들을 공급하실 것이다. 디에트 에만(Diet Eman)에게도 그러셨다.

1940년 5월 10일 이른 오전에 디에트는 양탄자를 두드리는 것 같은 소리에 잠에서 깼다. 두드림이 계속되자 스무 살의 네덜란드 소녀는 침대 밖으로 나와 부모님과 함께 앞마당으로 달려 나갔다. 독일 비행기가 공중에서 윙윙거리며 총알 비를 내리고 있었다.

히틀러는 네덜란드 국민에게 그들의 중립을 존중하겠노라고 확신시켜 왔다. 하지만 그것은 그가 깬 약속 중 하나가 됐다.

디에트의 가족은 집 안으로 돌아와 라디오를 켰다. "전쟁이 시작되었습니다. 독일의 낙하산부대가 착륙했습니다."

디에트는 즉시 남자친구 하인(Hein)을 떠올렸다. 둘 사이엔 공통점이 많았다. 둘 다 기독교 가정에서 자랐고, 나라를 사랑하는 마음이 컸으며, 유대인에 대한 독일의 압제에 분노했다.

네덜란드의 신자들이 다 그런 것은 아니었다. 어떤 사람들은 전쟁을 피하고 하나님의 뜻을 신뢰하자는 계획을 옹호했다. 하지만 하인과 디에트가 생각하는 하나님의 뜻은 명확했다. 하인은 『나의 투쟁』(Mein Kampf)의 메시지가 무엇인지 알았다. 그는 디에트에게 "(히틀러는) 증오심에 가득 차 있어서 뭔가 끔찍한 짓을 저지를 거야!"라고 말했다.

1941년 말에 나치는 유대인에게 노란색 별을 달라고 요구했고 여행도 금지했다. 많은 유대인이 독일로 강제 이송되고 있었다.

그즈음 디에트에게 한 유대인이 접촉해 왔다. 도와달라는 것이었다. 디에트와 하인은 위험이 크다는 것을 알았다. 만약 그들이 잡힌다면 죽을 수도 있었다. 하지만 그들은 그 유대인을 도왔고, 그가 프리슬란트(Friesland, 네덜란드 최북부의 북해 연안에 있는 주-역주)로 가서 전쟁이 끝날 때까지 한 농부와 살 수 있도록 했다.

한 남자를 돕는 것으로 시작된 그 일은 여러 사람을 돕는 계획으로 발전했다. 위험도 점점 더 커졌다. 하인은 자기가 체포되면 어떻게 할 것인지에 관해 말했다. 그러던 어느 날 디에트는 내면의 소리를 감지했다. '그를 잘 봐두렴.' 3일 후인 1944년 4월 26일, 하인이 체포되어 감옥에 갇혔다.

디에트는 겉모습과 신분증을 바꿨다. 하지만 그것만으로는 부족했다. 몇 주 안에 그녀도 감옥에 갇혔다. 그곳에서의 유일한 소망은 하나님의 약속이었다. 어느 날 디에트는 머리핀을 이용해서 감옥 벽면에 예수님의 말씀을 새겼다. "볼지어다. 내가 세상 끝날까지 너희와 항상 함께 있으리라"(마 28:20).

몇 주 후 디에트는 다른 수감자들과 함께 강제 수용소로 옮겨졌다. 그곳에는 식료품이 거의 없었고, 비누, 수건, 화장실 휴지는 아예 없었다. 디에트는 이러다 자신이 미쳐 버리는 것 아닐까 걱정했다.

그녀에게 마지막 발언 기회가 주어졌을 때, 그녀는 나치에게 했던 이야기를 되풀이했다. 그리고 늘 기억하고 있던 성경의 두 가지 약속에 매달렸다. 그녀의 머리털 하나도 상하지 않을 것(눅 21:18)과 당국 앞에 설 때 두려워할 필요가 없다는 것(마 10:19)이었다. 그날 디에트는 막사로 돌아가도록 허락받았고 2주 후에 자유의 몸이 되었다.

그러나 하인은 다하우(Dachau, 독일 뮌헨 북서쪽에 있는 도시로 강제 수용소 [1933-45]가 있었다—역주)에 있었다. 훗날 그의 동료 수감자는 디에트에게 하인이 내면의 아름다움을 보여 주었고, 삶을 사랑하고 그리스도를 사랑했다고 전했다.

죽음을 앞둔 얼마 전부터 하인의 몸이 급격히 약해졌고, 너무나 약해진 나머지 일을 할 수 없을 지경이 되었다. 결국 그는 막사에서 치워졌고 그 후 다시는 보이지 않았다.

디에트는 메시지를 하나 더 받았다. 하인이 죽기 얼마 전에 화장실 휴지 조각에 메모를 휘갈겨 쓴 뒤 갈색 포장지에 싸서 주소를 적은 것이었다.

그는 그 종이를 포로 운송 열차의 창밖으로 던졌고 누군가 그걸 발견했다. 그리고 놀랍게도 주소대로 그 편지를 부쳐 주었다. 메모에는 이렇게 적혀 있었다.

사랑하는 디에트, 우리가 곧 다시 보는 것에 연연하지 말자. … 이로써 우리는 우리의 삶을 결정하는 게 우리가 아님을 알잖아. … 설령 우리가 이 땅에서 다시 보지 못한다 해도, 우리가 했던 일, 우리가 이런 입장을 취했다는 것에 대해 절대 후회하지 않을 거잖아. 그리고 디에트, 꼭 알아줘. 내가 이 세상 모든 사람 중에 너를 가장 사랑했다는 걸.[2]

나는 젊은 디에트가 침대에 누워 자기가 벽에 새겨 놓은 말씀을 손가락으로 짚어 가는 것을 마음의 눈으로 그려 본다. 수감자들은 늘 배가 고프다. 그녀의 배에서는 꼬르륵 소리가 났고 몸도 매우 허약해졌다. 하지만 그녀는 이 약속, 이 기업에 집중하기로 선택했다. **"볼지어다. 내가 세상 끝날까지 너희와 항상 함께 있으리라."**

다하우에 있는 하인의 모습도 상상해 본다. 뼈만 앙상하게 남은 남자들이 수용소 마당을 돌아다닌다. 공기 중에는 죽음의 기운이 가득하고, 하인은 이제 시간이 얼마 남지 않았음을 안다. 무언가를 쓸 마지막 기회에 그는 소망의 잉크에 펜을 적셔 휘갈긴다. "우리는 우리가 했던 일에 대해 절대 후회하지 않을 거잖아."

이 커플은 대체 어디서 그런 용기를 얻었을까? 어디에서 소망을 발견한 걸까? 절망을 어떻게 피했을까? 간단하다. 그들은 하나님의 지극히 큰 약속을 믿었다. 당신은 어떠한가? 벽에 어떤 메시지를 새기고 있는가? 어떤 말씀을 적고 있는가? 소망을 택하라. 절망이 아닌 생명을 택하라. 죽음이 아닌 하나님의 약속을 택하라.

더 이상 고가철로 밑에서 잘 필요가 없다. 당신은 새사람이다. 새사람답게 살아라.

이제는 당신이 받은 기업으로 살아갈 때다.

소망의 약속 되새기기

1. 엄청난 유산을 상속받은 적이 있는가? 아니면 그러한 소망을 가져 본 적이 있는가? 하나님의 선물이 당신의 삶을 어떻게 개선시키는가?

2. 성경은 우리가 "하나님의 상속자요 그리스도와 함께한 상속자"(롬 8:17)라고 말씀한다. 이 구절에 앞서 바울은 "너희는 다시 무서워하는 종의 영을 받지 아니하고 양자의 영을 받았으므로 우리가 아빠 아버지라고 부르짖느니라"(15절)고 말했다. 양자의 영을 받았다는 것이 무슨 뜻인가?

3. 고대 로마에서 입양은 중대한 비즈니스였다. 아버지가 자녀 중에 자격 있는 상속자가 없다고 느끼면, 공동체에서 한 사람을 엄선해서 입양할 수 있었다. 그러면 그가 아버지의 땅과 부를 상속받을 수 있었다. 로마법에 의하면, 이런 입양은 입양된 자의 정체성에 네 가지 중요한 변화를 가져왔다.

  ① 이전 가족과의 모든 관계를 잃고, 새로운 가족의 구성원으로서의 모든 권리를 얻었다.
  ② 새로운 아버지의 재산 상속자가 되었다.
  ③ 이전의 삶이 완벽하게 지워졌다. 그의 모든 법적 부채도 마치 존재하지 않았던 것처럼 취소되었다.
  ④ 법적인 시각으로 볼 때 입양된 자는 문자적으로, 그리고 절대적으로 새로운 아버지의 아들이었다. [3]

- 바울의 로마서 청중은 앞에서 언급한 네 가지 정체성 변화를 이해했을 것이다. 이러한 사실이 하나님의 자녀로 입양되는 것에 대한 당신의 관점을 어떻게 바꾸는가?
- 당신이 하나님의 입양자임을 받아들이고 그분이 주신 당신의 기업에서 살 준비가 되었는가? 아니면 여전히 당신이 하나님께 입양되었다는 사실을 믿어야 하는가?

4. 역대상 29장 11-12절을 읽으라. 우리는 하나님 아버지로부터 어떤 종류의 기업을 상속받는가?

5. 이스라엘 백성을 약속의 땅 가나안으로 인도하는 여호수아 이야기는 우리가 하나님의 상속자로서 우리의 기업에 어떻게 도달하게 되는지 보여 주는 좋은 예다. 하나님이 여호수아에게 말씀하셨다. "내 종 모세가 죽었으니 이제 너는 이 모든 백성과 더불어 일어

나 이 요단을 건너 내가 그들 곧 이스라엘 자손에게 주는 그 땅으로 가라. 내가 모세에게 말한 바와 같이 너희 발바닥으로 밟는 곳은 모두 내가 너희에게 주었노니"(수 1:2-3). 하나님은 우리 각자에게 동일하게 말씀하신다. **"일어나 내가 너에게 약속한 기업을 받으라."** 하지만 우리는 그 기업을 다 믿지는 못한다. 만약 당신이 여호수아 이야기 속으로 들어간다면 어디쯤 있을 것 같은가?

- 요단강변에 서 있을까? 하나님께서 당신에게 주실 좋은 기업이 정말 약속의 땅에 있는지 의심하면서 말이다.
- 당신의 기업을 추구하지만 약속의 땅에서는 아닌가? 어쩌면 경로를 벗어나 다른 곳에서(직업, 관계, 부에서) 당신의 기업을 찾고 있는지도 모른다.
- 아니면 하나님께서 당신을 위해 준비하신 기업을 상속받고 풍성한 약속의 땅에서 살고 있는가?
- 만약 당신이 하나님께서 당신을 위해 준비하신 기업을 의심한다면, 혹은 당신이 길에서 벗어나 다른 곳에서 당신의 기업을 찾고 있다면, 약속의 땅의 풍성함 안에 살기 위해 무엇을 믿어야 하는가?

6. 이번 장 마지막에서 저자는 하인과 디에트의 감동적이면서도 비극적인 이야기를 했다. 그들은 나치가 네덜란드를 점령했을 때 유대인들을 숨겨 주던 커플이다. 그 커플은 어떻게 하나님이 주신 기업에서 살게 되었는가?

7. 어떻게 하나님께서 당신에게 주신 기업에서 살 수 있는가?

- 오늘 당신에게 부족하다고 느끼는 것은 무엇인가? 평안? 인내? 사랑? 은혜?
- 하나님께서 어떻게 당신의 필요를 채우시고 당신이 구한 것 이상을 행하실 수 있는가?

8. 기업을 힘입어 살아가는 것이 어떻게 우리 주변 사람들에게 그리스도의 사랑을 보여 주는가? 기업을 힘입어 살아가지 않는 것이 어떻게 그리스도인의 전도를 막는가?

하나님의 약속

의인의 간구는 역사하는 힘이 크니라.

야고보서 5:16

5

Unshakable Hope

당신의 기도에는
능력이 있다

얼마 전 나는 데날린과 함께 장을 보러 갔다. 달력을 사려고 '오피스 맥스'(Office Max)라는 가게 주차장을 가로지를 때, 나는 표지판을 가리키며 "여보, 내 가게예요. 오피스 **맥스**!"라고 말했다.

하지만 데날린은 별 감흥이 없었고, 나는 서둘러 입구로 가서 문을 잡아 주었다.

"**내** 가게에 어서 와요."

데날린은 눈을 굴렸다. 예전엔 아내가 눈을 굴리는 것을 좌절의 표현으로 이해했다. 서른다섯 해가 지난 지금은 그것이 존경의 상징임을 안다! 어쨌거나 아내는 정말 자주 눈을 굴린다.

물건을 사면서도 나는 계속 그런 식으로 행동했다. **내** 진열대에서 물건을 사기 위해 내 가게에 와 준 것에 감사를 표했다. 아내는 그저 눈을 굴렸다. 나는 아내가 할 말을 잃었나보다 생각했다.

계산대에 도착했을 때, 점원에게 나의 지위를 말했다. 눈썹을 치켜 세우고 굵은 목소리를 냈다. "안녕하세요. 맥스입니다."

점원은 웃으며 계산을 했다.

"오피스 맥스의 맥스 말이오."

그녀는 나를 보고 데닐린을 봤다. 그러자 아내는 또 눈을 굴렸다. 그토록 남편을 존경하다니. 나는 얼굴이 붉어지기 시작했다.

"이곳의 대표란 말이오." 나는 점원에게 말했다.

"정말인가요?" 그녀는 웃음기 없이 나를 쳐다봤다.

"오후는 쉬지 그러시오?"

"뭐라고요?"

"오후엔 쉬라고 했소. 사람들이 묻거든 오피스 맥스의 맥스가 집에 가도 좋다고 했다고 하시오."

이번에는 점원이 일을 멈추고 나를 쳐다봤다. "선생님, 선생님은 그 이름을 가졌을 뿐 영향력까지 가진 건 아니랍니다."

나에 대한 그녀의 말은 옳았다. 하지만 당신에 대해서는 결코 똑같이 말할 수 없다.

당신이 그리스도의 이름을 맡았다면, 우주에서 가장 강력한 존재의 영향력을 갖고 있는 것이다. 당신이 말하면 하나님께서 들으신다. 당신이 기도하면 하늘이 주목한다. "너희 중의 두 사람이 땅에서 합심하여 무엇이든지 구하면 하늘에 계신 내 아버지께서 그들을 위하여 이루게 하시리라"(마 18:19).

당신의 기도가 하나님의 행동에 영향을 미친다. 그에 대한 증거를 대겠다.

엘리야의 이야기를 생각해 보라. 엘리야 선지자는 예수님이 태어나시기 8세기 전에 살았다. 북이스라엘에는 스무 명의 왕이 있었고, 모두가 악했다. 그중에서도 가장 악한 왕은 아합이었다.

아합의 일생은 이렇게 묘사되고 요약된다. "예로부터 아합과 같이 그 자신을 팔아 여호와 앞에서 악을 행한 자가 없음은 그를 그의 아내 이세벨이 충동하였음이라. 그가 여호와께서 이스라엘 자손 앞에서 쫓아내신 아모리 사람의 모든 행함같이 우상에게 복종하여 심히 가증하게 행하였더라"(왕상 21:25-26).

그때는 우리가 읽는 이스라엘 역사에서 가장 어두운 시기였다. 지도자들은 부패했고, 백성들의 마음은 냉랭했다. 하지만 혜성은 검은 하늘에서 가장 잘 보인다. 어둠의 한복판에 엘리야라는 이름의 작열하는 혜성이 나타났다.

엘리야라는 이름은 "내 하나님은 여호와이시다."[1]라는 뜻이다. 엘리야는 자기 이름에 걸맞게 살았다. 아합 왕에게 청하지도 않은 일기 예보를 주었다. "내가 섬기는 이스라엘의 하나님 여호와께서 살아 계심을 두고 맹세하노니 내 말이 없으면 수년 동안 비도 이슬도 있지 아니하리라"(왕상 17:1).

얼마 후 엘리야의 공격은 수정되었다. 바알은 이방인들에게 풍요의 신, 곧 비와 풍작을 구하던 대상이었기 때문이다. 엘리야는 바알의 선지자들에게 최후통첩을 날렸다. 이스라엘의 참하나님 대 이방인의 거짓 신의 대결이었다.

엘리야는 가뭄이 임박했음을 어떻게 그토록 확신할 수 있었을까? 그가 기도했기 때문이다.

9세기 후, 엘리야의 기도는 훌륭한 본보기로 사용되었다. "의인의 간구는 역사하는 힘이 큼이니라. 엘리야는 우리와 성정이 같은 사람이로되 그가 비가 오지 않기를 간절히 기도한즉 삼 년 육 개월 동안 땅에 비가 오지 아니하고 다시 기도하니 하늘이 비를 주고 땅이 열매를 맺었느니라"(약 5:16-18).

야고보는 그토록 강력한 기도가 이토록 평범한 사람에게서 나왔다는 사실에 감명을 받았다.

"엘리야는 우리와 성정이 같은 사람"(약 5:17)이었지만 그의 기도는 하나님께 들려졌다. 유창하게 기도했기 때문이 아니라 간절히 기도했기 때문이었다. 그 기도는 평범한 기도나 편안한 기도가 아니었다. 급진적인 기도였다. "대가가 무엇이든 행하십시오, 주님." 엘리야는 간구했다. "설령 그것이 가뭄이라 할지라도요."

"아합이 이에 이스라엘의 모든 자손에게로 사람을 보내 선지자들을 갈멜산으로 모으니라. 엘리야가 모든 백성에게 가까이 나아가 이르되 너희가 어느 때까지 둘 사이에서 머뭇머뭇하려느냐? 여호와가 만일 하나님이면 그를 따르고 바알이 만일 하나님이면 그를 따를지니라 하니 백성이 말 한마디도 대답하지 아니하는지라"(왕상 18:20-21).

엘리야는 바알 선지자 450명과 이스라엘 백성을 결단의 자리에 놓았다. 둘 사이에서 어느 때까지 머뭇머뭇하려느냐? '**머뭇머뭇하다**'로 번역된 단어는 나중에 "뛰놀더라"(왕상 18:26)로 사용되는 히브리어 말이다. 이와 같이 뛰노는 것을 어느 때까지 하려느냐? 하나님과도 뛰놀고 바알과도 뛰놀고, 어느 때까지 이 짓을 계속하려느냐?

다음에 일어난 사건은 성경에서 가장 위대한 이야기에 속한다. 엘리야는 바알 선지자 450명에게 이렇게 말했다. "너희는 송아지 한 마리를 택하라. 나도 송아지 한 마리를 택하겠다. 너희는 제단을 쌓아라. 나도 제단을 쌓겠다. 너희는 너희 신에게 불을 내려 달라고 구하라. 나는 나의 하나님께 불을 내려 달라고 구하겠다. 불로 응답하신 분이 참하나님이시다."

바알 선지자들은 그 말에 동의하고 먼저 제사를 시작했다.

정오에 이르러는 엘리야가 그들을 조롱하여 이르되 "큰 소리로 부르라. 그는 신인즉 묵상하고 있는지, 혹은 그가 잠깐 나갔는지, 혹은 그가 길을 행하는지, 혹은 그가 잠이 들어서 깨워야 할 것인지." 하매(왕상 18:27).

(이것이 외교관 시험이었다면 엘리야는 낙제했을 것이다) 바알 선지자들이 자기 몸을 상하게 하며 고래고래 소리를 질렀지만 아무 일도 일어나지 않

았다. 마침내 엘리야 차례가 왔다. 엘리야는 통 넷에 물을 채워(기억하라. 당시는 가뭄이었다) 제단 위에 세 번 부은 뒤 기도했다.

아브라함과 이삭과 이스라엘의 하나님 여호와여, 주께서 이스라엘 중에서 하나님이신 것과 내가 주의 종인 것과 내가 주의 말씀대로 이 모든 일을 행하는 것을 오늘 알게 하옵소서. 여호와여, 내게 응답하옵소서. 내게 응답하옵소서. 이 백성에게 주 여호와는 하나님이신 것과 주는 그들의 마음을 되돌이키심을 알게 하옵소서(왕상 18:36-37).

하나님께서 얼마나 빨리 응답하셨는지 보라.

이에 여호와의 불이 내려서 번제물과 나무와 돌과 흙을 태우고 또 도랑의 물을 핥은지라. 모든 백성이 보고 엎드려 말하되 "여호와, 그는 하나님이시로다! 여호와, 그는 하나님이시로다!" 하니(왕상 18:38-39).

불을 달라는 요청을 하지도 않았다. 엘리야의 마음이 드러나자마자 '펑!' 제단이 불길에 휩싸였다. 하나님은 엘리야의 기도를 기뻐하셨다. 하나님은 당신의 기도 역시 기뻐하신다.

왜일까? 왜 우리의 기도가 중요할까?

세상에서는 아무도 우리 요청에 관심을 기울이지 않는데, 왜 하나님은 우리 생각에 귀를 기울이실까?

그 이유는 단순하다. 당신의 기도가 하나님께 중요한 까닭은 당신이 하나님께 중요하기 때문이다. 당신은 하나님께 그저 그런 사람이 아니다. 앞 장에서 살펴봤듯이, 당신은 그분의 자녀다.

사업체를 매우 성공적으로 경영하는 친구가 있다. 그 친구는 12개 주에서 5백 명 이상의 직원을 고용하고 있다. 그는 직원 한 사람 한 사람에게 감사하지만 그중 3명은 특별한 애정으로 대한다. 바로 그의 아들들이다. 그는 직원들의 모든 요구사항에 귀를 기울인다. 아들들의 요청에는 더더욱 귀를 기울인다. 아들들은 지금 가업을 경영하는 훈련을 받고 있는 중이다.

당신도 그렇다. 하나님께서 당신을 구원하셨을 때, 당신의 이름을 자녀 목록에 넣으셨다. 하나님은 당신의 과거를 용서해 주셨을 뿐 아니라 현재의 권한과 미래의 역할을 주셨다.

이 땅의 삶은 영생을 위한 실습이다. 하나님께서는 천국에서 그분과 함께 왕 노릇하도록 당신을 준비시키고 계신다. "참으면 또한 함께 왕 노릇할 것이요"(딤후 2:12). 우리는 "땅에서 왕 노릇"할 것이다(계 5:10).

우리는 하나님의 가족 구성원이다. 우주를 통치하는 것이 우리의 가업이다. 내 친구의 아들들이 아버지에게 "토피카에 지점을 낼까요?" "카탈로그에 신상품을 추가할까요?" "새 직원 뽑는 걸 어떻게 생각하세요?"라고 물으면 아버지는 경청한다. 그리고 아들들의 성장에 지대한 관심을 갖는다.

우리의 아버지 또한 우리의 성장에 지대한 관심을 갖고 계시다. 하하나님의 자녀인 당신이 가업을 존귀하게 여길 때, 하나님은 당신의 요청에 귀를 기울이신다.

"하나님, 제게 더 깊은 믿음을 주셔서 주님을 섬기게 하소서."
"하나님, 저를 승진시키셔서 주님께 영광을 돌리게 하소서."
"하나님, 우리가 살 거처를 보여 주시고 주님의 이름이 높임을 받으소서."
"하나님, 제게 배우자를 주셔서 주님을 더욱 잘 섬기게 하소서."

하나님은 이런 기도에 신속하게 귀 기울이신다. 왜일까? 그분의 자녀로부터 온 기도이기 때문이다.

하나님께서 당신이 구한 것을 이루어 주실까? 아마도 그러실 것이다. 아니, 당신이 상상하는 것 이상으로 행하실 것이다. 하나님은 무엇이 최선인지 아신다. 약속 위에 굳게 서라. "의인의 간구는 역사하는 힘이 큼이니라"(약 5:16). 당신에게 늘 소망이 있는 이유는 당신이 늘 기도할 수 있기 때문이다.

이 약속을 극적으로 보여주는 예가 러시아의 그리스도인들에게서 발견된다. 그들은 20세기의 80년 동안 공산주의 정부로부터 조직적인 박해를 당했다. 교사들은 성경을 들고 유치원 학생들에게 집에서 이런 책을 본 적이 있는지 물었다. 학생이 그렇다고 말하면 정부 관리가 그 집을 방문했다. 목사와 일반 성도들이 감옥에 갇혔고, 그 후에는 소식을 듣지 못했다. 정부는 목사들에게 일주일에 한 번씩 사무실로 와서 새로운 방문자의 신상을 보고하게 했다. 뿐만 아니라 설교 주제를 제출하여 승인을 받아야 했다.

다음은 드미트리라는 남자가 신앙을 실천하며 살아간 이야기다. 그와 그의 가족은 모스크바에서 4시간 떨어진 작은 마을에 살고 있었다. 가장 가까운 교회가 사흘을 걸어야 닿는 거리에 있어서 1년에 두 번 이상 교회에 참석하는 것이 불가능했다.

드미트리는 가족에게 성경 이야기와 성경구절을 가르치기 시작했다. 이웃들도 소문을 듣고 그 자리에 참석하고 싶어 했다. 모이는 사람이 25명 정도 되었을 때 관리들이 상황을 알게 되었고 그에게 그만두라고 요구했다. 하지만 그는 거절했다. 인원이 50명에 이르자 드미트리는 다니던 공장에서 쫓겨났고, 아내는 교사직에서 해고됐으며, 아들들도 학교에서 퇴학당했다.

그럼에도 그는 멈추지 않았다. 규모가 75명까지 늘어나자 그의 집 공간이 부족했다. 마을 주민들이 하나님의 사람인 그의 가르침에 귀를 기울이고자 집 안을 구석구석 빽빽이 채웠고 창문 주위에까지 모여들었다.

어느 날 밤 한 무리의 군인이 갑자기 들이닥쳤다. 그중 하나가 드미트리를 붙들고 여러 차례 뺨을 휘갈겼다. 그러고는 드미트리에게 그만두라고, 그러지 않으면 더 나쁜 일이 생길 거라고 경고했다.

그 관리가 떠나려 할 때 작은 노파가 끼어들어 그의 얼굴에 삿대질을 하며 말했다. "하나님의 사람에게 손을 댔으니 당신은 살아남지 못할 것이오!"

이틀 후 그 관리는 심장마비로 사망했다. 하나님에 대한 경외심이 퍼져 다음 모임에는 150명이나 참석했다. 하지만 드미트리는 체포되었고, 결국 17년 형을 선고받았다.

그의 감방은 너무 작아서 사방의 벽에 닿는 데 고작 한 걸음이면 충분했다. 1천 5백 명의 수감자 중 그만이 유일한 신자였다. 관리들은 그를 고문했고, 수감자들은 그를 조롱했다. 하지만 그는 결코 망가지지 않았다.

드미트리는 매일 아침 동이 틀 때마다 침대 옆에서 동쪽을 바라보며 하나님을 향해 손을 들고 찬양했다. 다른 수감자들은 그를 야유했다. 그럼에도 그는 찬양했다.

그는 종잇조각을 발견할 때마다 성경 이야기나 성경구절을 적었다. 종이가 완성되면 감방 구석에 가져가 축축한 기둥에 붙였다. 예수님께 드리는 제물이었다. 관리들은 늘 그렇듯이 그 종이들을 찾아서 제거하고 드미트리를 때렸다. 그럼에도 그는 예배했다.

이 일이 17년 동안 계속되었다. 딱 한 번 그는 자기 신앙을 철회할 뻔했다. 그의 아내가 살해당했고, 아이들은 보호소에 있다고 경비들이 그를 설득했던 것이다.

그 일은 드미트리가 감당할 수 있는 한계를 넘는 것이었다. 그는 결국 그리스도에 대한 신앙을 포기하기로 동의했다. 다음 날 경비들은 서류와 함께 드미트리를 놓아 주겠다고 했다. 그가 할 일은 서명하는 것뿐이었다. 그러면 그는 풀려날 수 있었다.

관리들은 자신들의 승리를 확신했다. 그들이 몰랐던 것은 신자들이 기도할 때 역사하는 힘이 크다는 것이다.

많은 신자들이 드미트리를 위해 기도하고 있었다. 1천 킬로미터나 떨어진 곳에서, 그들과 드미트리의 가족은 드미트리를 위한 기도에 특별한 부담을 느꼈다. 그들은 둥글게 모여 무릎을 꿇고 하나님께서 드미트리를 보호해 주시기를 간절히 구했다. 그들이 기도하고 있을 때 주님은 기적적으로 드미트리가 사랑하는 이들의 목소리를 듣게 하셨다. 그래서 그는 가족이 안전하다는 것을 알게 되었다.

다음 날 아침 경비들이 서명을 받으러 왔을 때, 그들은 완전히 새로운 사람을 보았다. 드미트리의 표정은 침착했고 눈빛은 단호했다.

"나는 어디에도 서명하지 않을 것이오!" 드미트리가 말했다.

"지난밤 하나님께서 나를 위해 기도하는 아내와 아이들과 형제들의 음성을 듣게 하셨소. 당신들은 내게 거짓말을 했소! 이제 나는 내 아내가 살아 있고 육체적으로도 건강하다는 것을 알게 되었소. 내 아들들도 아내와 함께 있소. 그들 모두 여전히 그리스도 안에 있소. 그러니 나는 어디에도 서명하지 않을 것이오!"

관리들은 그를 때렸고, 처형하겠다고 협박도 했지만 드미트리의 결심은 굳건했다. 그는 계속해서 아침마다 예배했고 기둥에 성경구절을 붙였다.

마침내 당국은 그들이 할 수 있는 온갖 수단을 동원했다. 드미트리를 감방에서 끌어내 감옥의 중앙 복도를 질질 끌고 가서 처형장에 세웠다.

이윽고 처형을 감행하려는 순간, 1천 5백 명의 죄수가 손을 높이 들고 그들이 들었던 노래, 곧 드미트리가 아침마다 불렀던 찬양을 부르기 시작했다. 그러자 간수들은 드미트리를 결박하던 손을 풀고 뒷걸음질쳤다. "당신은 누구요?" "나는 살아 계신 하나님의 아들이요, 그분의 이름은 예수 그리스도시다!" 드미트리는 다시 감방에 갇혔다. 하지만 얼마 후에 석방되어 가족에게로 돌아갔다.[2]

당신이 러시아 감옥에서 자신을 발견할 가능성은 낮지만, 불가능한 상황 속에서 자신을 발견할 수는 있을 것이다. 수적으로 열세인데다 허를 찔린 것같이 느껴질 때가 있을 것이다. 그만두고 싶을 때도 있을 것이다.

내가 당신에게 한 가지만 부탁해도 되겠는가? 애원해도 되겠는가? 다음의 약속을 암송하고, 하나님께 그날에 그것이 생각나게 해 달라고 간구하라. 이 말씀을 몸에 새기라. 피부에 못하겠다면 당신의 마음에 새기라. "의인의 간구는 역사하는 힘이 큼이니라"(약 5:16).

기도는 최후의 수단이 아닌 첫 단계다. 하나님은 당신이 결코 본 적 없는 능력을 갖고 계시다. 당신이 결코 알지 못하는 힘을 갖고 계시다. 그분은 엘리야의 기도를 기뻐하셨고 그 기도에 응답하셨다. 또한 드미트리와 그 가족의 기도를 기뻐하셨고 그들의 기도에도 응답하셨다. 마찬가지로 하나님은 우리의 기도를 기뻐하시며 우리의 기도에 응답하실 것이다.

　당신이 허락한다면 이제는 내가 처리해야 할 사업들을 돌아보려 한다. 리/맥스, 카맥스, 로또 맥스…. 이 사업들이 다 잘 굴러가게 하는 건 쉬운 일이 아니다.^^

소망의 약속 되새기기

1. 수년간(어린 시절부터 현재에 이르는 각각의 시기 동안) 기도가 당신 삶에서 어떤 역할을 해 왔는가? 당신의 기도가 삶을 변화시켰는가? 아니면 기도에 관한 당신의 생각을 변화시켰는가? 만약 그렇다면 어떻게, 왜 그렇게 되었는가?

2. 이번 장 앞부분에서 저자는 열왕기상에 있는 엘리야의 이야기를 묘사한다. 열왕기상 17장 1-7절과 18장 20-40절을 읽으라.

   - 바알의 선지자들이 불을 내려 달라고 바알의 이름을 부른 시간은 얼마 동안인가?(왕상 18:25-29)
   - 바알의 침묵에 대해 엘리야는 어떤 이유를 댔는가?(27절)
   - 엘리야는 왜 제단을 물로 흠뻑 적셨는가?(33-35절)
   - 하나님께서 엘리야의 기도에 불로 응답하시기까지 얼마나 걸렸는가?(36-38절)
   - 엘리야는 왜 하나님께서 이런 기적을 행하시기 원했는가?(36-37절)

3. 하나님께서 당신의 기도에 응답하시고자 이 땅에 불을 보내시는 것을 본 적은 거의 없을 것이다. 하나님께서 기적적인 방법으로 당신의 기도에 직접 응답하신 적이 있는가?

   - 있다면, 그것이 하나님을 바라보는 방식에 어떤 영향을 미쳤는가?
   - 당신의 기도생활에는 어떤 영향을 미쳤는가?
   - 없다면, 응답된 기도가 적다는 사실이 당신이 하나님을 바라보는 방식에 어떤 영향을 미쳤는가?
   - 당신의 기도생활에는 어떤 영향을 미쳤는가?

4. 야고보서 5장 16절은 "의인의 간구는 역사하는 힘이 큼이니라"고 말한다. 당신은 이 말씀이 믿어지는가, 아니면 기도의 능력에 회의적인가? 그 이유는 무엇인가?

5. 하나님께서 우리 기도에 언제나 우리가 원하는 시간에, 우리가 원하는 방식대로 응답하시는 것은 아니다. 이것은 우리를 기도에 회의적으로 만들거나, 하나님이 멀리 계시거나 우리 기도에 관심이 없으시다고 느끼게 할 수 있다.

   - 당신이 계속 기도하고 있는 것 중에 하나님께서 아직 응답하지 않으신 것은 무엇인가?
   - 응답되지 않은 기도가 당신이 하나님을 바라보는 방식에 어떤 영향을 미쳤는가?

- 하나님께서 당신의 기도에 응답하지 않으신 이유가 무엇이라고 생각하는가?
- 야고보서 5장 16절 같은 구절과 아직 응답되지 않은 기도가 어떻게 접목되는가?

6. 다음 빈칸을 채우라. 저자에 의하면, 하나님께서 우리 기도에 관심을 기울이시는 이유는 우리가 하나님의 _____이기 때문이다.

7. 당신은 기도할 때 하나님을 당신의 아버지로, 당신을 그분의 자녀로 여기는가? 만약 그렇지 않다면 하나님은 당신에게 어떤 분인가?

8. 하나님을 당신의 아버지로 여기는 것이 응답되지 않은 기도에 대한 당신의 시각에 어떤 영향을 미치는가? 왜 하나님은 때때로 당신에게 "안 돼!"라고 말씀하시는가? 왜 때때로 침묵하시는가?

9. 신자가 기도할 때 위대한 일이 일어난다면, 우리는 삶의 모든 영역에서 기도해야 한다. 당신은 하나님께 가져가야 할 것 중 무엇에 대해 기도하지 않았는가? 기도가 그 상황을 어떻게 도울 수 있는가?

10. 이번 장에는 드미트리라는 그리스도인 이야기가 나온다. 그는 공산주의 치하의 러시아에서 감옥에 갇혔던 사람이다. 그는 17년간 감옥에 있었지만 여전히 하나님을 예배했고, 기도했다. 당신이라면 17년의 수감 기간이 당신의 믿음과 기도생활에 어떤 영향을 미쳤을 것 같은가? 드미트리의 이야기에서 어떤 용기를 발견할 수 있는가?

11. 마태복음 18장 19절을 읽으라. 이 구절이 기도와 공동체에 대해 무엇을 말하는가? 당신은 얼마나 자주 다른 사람들과 함께 기도하는가? 합심기도를 당신의 기도에 어떻게 포함시킬 수 있는가?

12. 풍성한 기도생활을 하는 사람을 알고 있는가? 그 사람이 기도에 관한 당신의 생각에 어떤 영향을 미쳤는가? 강한 기도의 용사를 보면서 무엇을 배웠는가?

13. 당신은 약속의 사람이다. 당신은 어떤 기도생활을 소망하는가? 오늘 그 목표를 향해 어떤 단계를 밟아 갈 것인가?

하나님의 약속

하나님은 교만한 자를 대적하시되
겸손한 자들에게는 은혜를 주시느니라.

베드로전서 5:5

6
Unshakable Hope

하나님은 겸손한 자에게 은혜를 주신다

    그는 개인 전용기를 타고 대서양을 건너거나, 요트 갑판에서 노을을 바라보거나, 뉴욕 렉싱턴가의 280평짜리 펜트하우스에서 호화롭게 생활했다. '황소'라는 이름의 요트는 78억 원이었고, 개인 전용기는 267억 원이었다. 그는 프랑스에 집 한 채, 몬타우크 해변에 집 한 채, 팜비치에 집 한 채를 소유했다. 보트와 차도 여러 대였다.

    그의 아내에겐 모피와 디자이너 핸드백, 웨지우드 고급 도자기, 크리스토플 은식기가 있었다. 장식에 관해서라면 그녀는 돈을 아끼지 않았다. 벽지를 따라 금촛대들이 가지런하게 놓여 있었다. 중앙아시아산 양탄자가 바닥을 덮었다. 그리스와 이집트의 조각품들이 경쟁하듯 손님들에게 눈도장을 찍었다.

누구나 그를 알고 싶어 했다. 그와 악수하기 위해 사람들이(스티븐 스필버그와 엘리 위셀 같은 사람들이) 장사진을 이루었다. 맨해튼에 있는 그의 사무실에 있다는 것은 투자 성공의 진원지에 있는 것이었다.

2008년 12월 10일 아침까지만 해도 분명 그래 보였다. 그러나 마침내 가면놀이가 끝났다. 그날 이 시대 가장 파렴치한 사기꾼인 버니 메이도프(Bernie Madoff)가 아내, 그리고 두 아들과 함께 주저앉았다. 그는 "거대한 폰지 사기(신규 투자자의 돈으로 기존 투자자에게 이자나 배당금을 지급하는 방식의 다단계 금융 사기-역주)"였다고, "그냥 새빨간 거짓말"이었다고 실토했다.[1]

며칠이 지나고, 몇 주가 지나고, 몇 달이 지나면서 대중에게 충격적인 사실이 알려졌다. 메이도프는 이십 년짜리 셸 게임(컵 세 개 중 하나에 콩을 넣고 여러 번 위치를 바꾸어 어디에 그 콩이 들어 있는지 알아맞히게 하는 도박-역주)을 지휘 조종해 왔다. 미국 역사상 최대의 경제 범죄였다. 사기 규모만 수조 원에 이르렀다.

그의 몰락은 대대적이었다. 돈, 미래, 가족…. 순식간에 모든 것을 잃었다. 아들 중 하나가 자살했고, 아내는 칩거에 들어갔다. 일흔한 살의 버니 메이도프는 형을 선고받아 노스캐롤라이나의 버트너에 있는 연방 교도소에서 죄수번호 '61727-054'로 여생을 보내게 되었다.

왜 그랬을까? 무엇이 한 남자로 하여금 수십 년간 거짓된 삶을 살게 만들었을까? 메이도프가 맞바꾼 건 무엇이었을까?

그것은 바로 '지위'였다. 어느 전기 작가에 의하면

어린 시절, 그는 열등하다고 여겨진 지적 능력 때문에 퇴짜를 맞고 창피를 당했다. … 여학생들에게 차례로 거절당했다. … 더 낮은 수업과 학교로 밀려났다. …하지만 그는 돈을 버는 데 탁월했다. 그 재능으로 이룰 수 없던 지위가 찾아왔다.[2]

지위! 메이도프는 칭찬에 중독되어 있었다. 인정받는 것에 미쳐 있었다. 그는 사람들의 박수갈채를 원했고, 돈은 그걸 얻어내는 방법이었다. 그는 산꼭대기에 오르려고 사람들을 밀치고 할퀴었지만, 꼭대기는 미끄럽고 붐빈다는 사실만을 발견했다. 그가 "하나님은 교만한 자를 대적하시되 겸손한 자들에게는 은혜를 주시느니라"(벧전 5:5)라는 약속을 알았다면 어땠을까.

메이도프의 이야기는 이 성경구절의 좋은 예가 된다. 하지만 교만한 자의 파멸을 훨씬 더 드라마틱하게 보고 싶다면 성경의 다니엘서를 열고 느부갓네살의 이야기를 읽어 보라. 고대 바벨론 왕의 엄청난 재산과 갑작스런 몰락에 비하면 메이도프의 돈과 쇠락은 하찮은 것에 불과하다.

느부갓네살은 BC 605년 예루살렘을 무너뜨렸다. 그가 사로잡은 히브리 포로 중에는 네 명의 젊은이, 곧 다니엘과 사드락, 메삭, 아벳느고가 있었다. 몇 년 후 그는 자기 자신을 기리기 위해 27미터나 되는 금신상을 세우고 백성들에게 그 앞에 절하라고 명령했다. 사드락과 메삭과 아벳느고는 거부했다. 그래서 왕은 풀무불을 평소보다 일곱 배나 더 뜨겁게 한 뒤 그들을 불 속에 던졌다. 하지만 그들이 그을음 하나 없이 나오자 깜짝 놀랐다. 그래서 느부갓네살이 스스로 겸비했을까?

안타깝게도 그러지 않았다. 수년이 지났고, 느부갓네살은 태평성대를 누렸다. 적들이 그 앞에서 꼼짝을 못했다. 부귀도 안전했다. 그러던 어느 날 꿈을 꾸었다. 아무도 그의 꿈을 해몽하지 못했다. 오직 다니엘만 할 수 있었다. 그래서 느부갓네살은 다니엘에게 그 꿈을 묘사해 주었다.

내가 본즉 땅의 중앙에 한 나무가 있는 것을 보았는데 높이가 높더니 그 나무가 자라서 견고하여지고 그 높이는 하늘에 닿았으니 그 모양이 땅 끝에서도 보이겠고 그 잎사귀는 아름답고 그 열매는 많아서 만민의 먹을 것이 될 만하고 들짐승이 그 그늘에 있으며 공중에 나는 새는 그 가지에 깃들이고 육체를 가진 모든 것이 거기에서 먹을 것을 얻더라(단 4:10-12).

느부갓네살은 하늘에서 온 순찰자가 그 나무를 어떻게 베었는지 묘사했다. 가지가 잘리고 열매가 헤쳐졌다. 오직 그루터기만 남았다. 그때 하늘로부터 소리가 들렸다.

그것(그루터기, 여기서 그 나무는 느부갓네살을 상징함-역주)이 하늘 이슬에 젖고 땅의 풀 가운데에서 짐승과 더불어 제 몫을 얻으리라. 또 그 마음은 변하

여 사람의 마음 같지 아니하고 짐승의 마음을 받아 일곱 때를 지내리라
(단 4:15-16).

꿈 이야기를 들은 다니엘은 숨을 죽였다. 그 내용에 놀라며 마음으로 번민했다. 당시에는 느부갓네살을 대적할 만한 상대가 없었다. 이른바 무적의 통치자였다. 바벨론은 맨해튼의 마천루처럼 사막 고원 지대에서 발흥했다. 그가 왕비를 위해 건축한 공중 정원은 고대의 7대 불가사의 중 하나였다. 궁전 벽은 높이가 98미터였고, 두께도 24미터나 되었다. 그 위를 사두마차(四頭馬車) 두 대가 나란히 지나갈 수 있었다.[3] 장려한 유프라테스 강이 그 도시를 관통해 흘렀다. 느부갓네살이 통치하는 43년 동안 바벨론의 인구가 50만 명까지 증가했다.[4] 그는 석유재벌이자 왕족, 그리고 헤지펀드 억만장자였다. 그가 오늘날까지 살아있다면 '포브스'의 억만장자 명단을 독차지했을 것이다.

그런데 이제 그 모든 것이 끝장나려 했다. 다니엘이 그에게 말했다.

왕이여, 이 나무는 곧 왕이시라. … 왕이 사람에게서 쫓겨나서 들짐승과 함께 살며 소처럼 풀을 먹으며 하늘 이슬에 젖을 것이요, 이와 같이 일곱 때를 지낼 것이라. 그때에 지극히 높으신 이가 사람의 나라를 다스리시며 자기의 뜻대로 그것을 누구에게든지 주시는 줄을 아시리이다. 또 그들이 그 나무뿌리의 그루터기를 남겨 두라 하였은즉, 하나님이 다스리시는 줄을 왕이 깨달은 후에야 왕의 나라가 견고하리이다(단 4:22, 25-26).

느부갓네살은 자기가 주인이라고 생각했다. 자신이 세상을, 아니 온 세상을 지휘하고 있다고 믿었다. 그런 느부갓네살에게 다니엘은 회개를 촉구했다.

그런즉 왕이여, 내가 아뢰는 것을 받으시고 공의를 행함으로 죄를 사하고 가난한 자를 긍휼히 여김으로 죄악을 사하소서. 그리하시면 왕의 평안함이 혹시 장구하리이다(단 4:27).

이 말을 들은 느부갓네살이 변했을까?

열두 달이 지난 후에 내가 바벨론 왕궁 지붕에서 거닐새, 나 왕이 말하여 이르되 "이 큰 바벨론은 내가 능력과 권세로 건설하여 나의 도성으로 삼고, 이것으로 내 위엄의 영광을 나타낸 것이 아니냐?" 하였더니(단 4:29-30).

하나님은 느부갓네살이 그 거만한 왕좌에서 내려오도록 1년을 더 주셨다. 하지만 그는 내려오지 않았다. 그의 말 속에 가득한 1인칭 대명사를 보라. "내가 … 건설하여", "(나의) 능력과 권세", "내 위엄". 느부갓네살은 바로 그런 왕이었다.

하나님은 그에게 최소한 세 개의 메시지를 주셨다. 사나운 풀무불로 **여호와 하나님이 불보다 위대하시다**는 메시지를 주셨고, 꿈으로 **오늘의 거대한 나무는 내일의 흉측한 그루터기**라는 메시지를 주셨다. 다니엘의 경고로 **너무 늦기 전에 스스로 겸비하라**는 메시지도 주셨다. 하지만 느부갓네살은 듣기를 거절했다.

이 말이 아직도 나 왕의 입에 있을 때에 하늘에서 소리가 내려 이르되 "느부갓네살 왕아, 네게 말하노니 나라의 왕위가 네게서 떠났느니라. 네가 사람에게서 쫓겨나서 들짐승과 함께 살면서 소처럼 풀을 먹을 것이요, 이와 같이 일곱 때를 지내서 지극히 높으신 이가 사람의 나라를 다스리시며 자기의 뜻대로 그것을 누구에게든지 주시는 줄을 알기까지 이르리라." 하더라(단 4:31-32).

왕은 나선형 손톱, 헝클어진 머리칼, 야성 면에서 고대판 하워드 휴즈(미국의 투자가이자 비행사, 공학자, 영화제작자, 감독, 자선가로 공학적 재능과 사업 수완으로 억만장자가 되었다. '아이언맨'의 토니 스타크의 모티브이기도 하다-역주)였다.

바로 그때에 이 일이 나 느부갓네살에게 응하므로 내가 사람에게 쫓겨나서 소처럼 풀을 먹으며 몸이 하늘 이슬에 젖고 머리털이 독수리 털과 같이 자랐고 손톱은 새 발톱과 같이 되었더라(단 4:33).

강한 자의 몰락은 더욱 강력하다. 한때 '타임'(Time)지의 표지모델이었던 그는 하루아침에 새장에 갇힌 피조물 신세로 쫓겨났다. 이를 통해 우리에게 남겨진 교훈은 하나님께서 교만을 미워하신다는 것이다.

네가 스스로 지혜롭게 여기는 자를 보느냐. 그보다 미련한 자에게 오히려 희망이 있느니라(잠 26:12).

스스로 지혜롭다 하며 스스로 명철하다 하는 자들은 화 있을진저(사 5:21).

무릇 마음이 교만한 자를 여호와께서 미워하시나니 피차 손을 잡을지라도 벌을 면하지 못하리라(잠 16:5).

나는 교만과 거만과 악한 행실과 패역한 입을 미워하느니라(잠 8:13).

교만이 오면 욕도 오거니와(잠 11:2).

왜 이렇게 강한 표현을 썼을까? 왜 이렇게 일괄되게 정죄할까? 하나님께서 교만한 마음을 혐오하신다는 것을 어떻게 설명할까?

간단하다. 하나님께서 교만한 자를 대적하시는 이유는 교만한 자가 하나님을 대적하기 때문이다. 오만함은 무릎을 뻣뻣하게 만들어서 무릎을 꿇지 않게 한다. 마음을 딱딱하게 만들어서 죄를 인정하지 않게 한다. 교만한 마음은 결코 죄를 고백하지 않고, 회개하지 않으며, 용서를 구하지 않는다. 오만한 자는 결코 용서받을 필요를 느끼지 못한다. 교만은 영혼을 난파시키는 암초다.

또한 교만은 하나님과의 화해를 막을 뿐 아니라 사람들과의 화해도 막는다. 얼마나 많은 결혼이 어리석은 교만에 눌려 망가졌는가? 얼마나 많은 사과가 겸손의 결핍으로 이루어지지 않았는가? 얼마나 많은 전쟁이 교만이라는 돌무더기 땅에서 싹을 틔웠는가?

교만은 높은 대가를 지불하게 만든다. 그 값을 내지 말라. 하나님께서 주신 은혜 위에 서는 것을 선택하라. "하나님은 교만한 자를 대적하시되 겸손한 자들에게는 은혜를 주시느니라"(벧전 5:5). 하나님께서는 교만을 미워하시는 만큼 겸손을 사랑하신다. 그 이유를 알 것 같지 않은가? 겸손은 교만이 하지 않는 일을 기쁘게 한다. 겸손한 마음은 하나님이 필요하다는 것을 빠르게 인정한다. 열심히 죄를 고백한다. 하늘의 능하신 손 앞에 기꺼이 무릎을 꿇는다.

그래서 하나님은 마음이 겸손한 자를 특별히 생각하신다.

여호와께서는 높이 계셔도 낮은 자를 굽어살피시며 멀리서도 교만한 자를 아심이니이다(시 138:6).

지극히 존귀하며 영원히 거하시며 거룩하다 이름하는 이가 이와 같이 말씀하시되 "내가 높고 거룩한 곳에 있으며 또한 통회하고 마음이 겸손한 자와 함께 있나니 이는 겸손한 자의 영을 소생시키며 통회하는 자의 마음을 소생시키려 함이라"(사 57:15).

겸손의 숲에는 놀라운 자유가 있다. 얼마 전 나는 어느 그룹과 함께 그것을 경험했다. 우리는 전부 스무 명이었고, 내 오른편에는 미용사가 앉아 있었다. 왼편은 변호사였다. 어떤 사람은 문신을 하고 있었고, 어떤 사람은 회색 플란넬 양복(성공한 멋쟁이를 상징한다-역주)을 입고 있었다. 어떤 사람은 할리(미국 할리 데이비슨사가 만든 대형 오토바이-역주)를 타고 왔다. 한 커플은 늦게 나타났다. 연령, 성별, 인종이 다양하게 골

고루 섞여 있었다. 한 가지 예외사항을 빼고는 우리에겐 아무 공통점이 없었다. 하지만 그 예외사항이 중요했다. 우리는 모두 법을 어겼다고 고백했다. 모두가 범법자였다. 그 방에 있는 사람은 다 제복을 입은 관리로부터 종이쪽지를 받았다. 그래서 거기에 앉아 안전운전 교육을 받고 있었다.

나는 일주일 내내 그날을 두려워했다. 그 누가 토요일에 모르는 사람들과 한 방에 앉아 텍사스 운전자 안내서를 복습하고 싶겠는가? 하지만 나는 깜짝 놀랐다. 얼마 되지 않아 우리는 서로를 친구처럼 느꼈다. 그 끈끈함은 자기소개에서부터 시작됐다. 우리는 먼저 둥글게 돌아가며 이름과 죄 고백을 나눴다.

"제 이름은 맥스예요. 시속 48킬로미터 구간에서 72킬로미터로 달렸어요."

"제 이름은 수예요. 불법 유턴을 했죠."

"안녕하세요. 제 이름은 밥입니다. 추월금지 구간에서 앞지르기를 했어요."

한 사람씩 말하는 동안 나머지는 고개를 끄덕이고, 신음 소리를 내고, 눈물을 훔쳤다. 그렇게 우리는 서로의 고통을 공감했다.

가면은 없었다. 핑계도 없었다. 게임이나 변명도 없었다. 복장은 입구에서 확인됐다. 겉치레는 집에 두고 왔다. 가식과 허풍이 불필요했다. 실패를 인정하고 그날을 즐기는 편이 나았기에 우리 모두가 그렇게 했다. 겸손이 위로를 창조했다.

이것이 바로 하나님의 계획이다. 하나님께서 겸손한 자에게 은혜를 주시는 이유는 겸손한 자가 은혜를 갈망하기 때문이다. 당신도 회개의 기도, 오만함으로부터의 회개의 기도에 기꺼이 동참하면 좋겠다. 하나님께서 먼저 행하지 않으셨는데도 우리가 해 버린 것은 무엇일까? 하나님께서 먼저 우리에게 주지 않으셨는데도 우리가 갖고 있는 것은 무엇일까? 하나님께서 무너뜨리지 못하실 것을 세운 사람이 있겠는가? 별들의 주인께서 산산조각 내지 못하실 기념비를 우리가 과연 만든 적이 있는가?

> 거룩하신 이가 이르시되 "그런즉 너희가 나를 누구에게 비교하여 나를 그와 동등하게 하겠느냐?" 하시니라. 너희는 눈을 높이 들어 누가 이 모든 것을 창조하였나 보라. 주께서는 수효대로 만상을 이끌어 내시고 그들의 모든 이름을 부르시나니, 그의 권세가 크고 그의 능력이 강하므로 하나도 빠짐이 없느니라(사 40:25-26).

내가 좋아하는, 오만한 자에 대한 농담이 있다.

어느 오만한 자가 하나님의 탁월한 능력을 취한 뒤 하늘을 올려다보며 이렇게 선포했다. "저도 당신이 할 수 있는 일을 할 수 있어요! 흙으로 사람을 만들 수 있다고요! 생명과 과학의 시스템을 이해하고 있어요!"

하나님께서 그 제안을 받으셨다. "좋다." 그리고 그 허풍쟁이에게 말씀하셨다. "네가 할 수 있는 일이 뭔지 보자꾸나."

그 사람은 손을 뻗어 흙을 한 줌 쥐었다. 하지만 그가 일을 더 진행하기 전에 하나님께서 그를 멈춰 세우셨다. "네가 내가 했던 일을 할 수 있다고 말한 것 같은데."

"할 수 있죠."

"그렇다면, 흙도 네가 만들어라."

겸손이 건강한 이유는 정직하기 때문이다.

얼마 전 나는 마이클 W. 스미스라는 뮤지션과 노스캐롤라이나 애슈빌에서 주말 동안 함께 사역했다. 그 수련회는 빌리 그레이엄 전도협회가 소유하고 운영하는, 더 코브(The Cove)라는 아름다운 시설에서 열렸다.

행사가 시작되기 몇 시간 전, 마이클과 나는 일정을 점검하기 위해 만났다. 하지만 마이클은 방금 전에 겪은 일로 너무나 감동을 받은 나머지 수련회에 대해 이야기할 정신이 없었다. 그는 유명한 복음전도자 빌리 그레이엄을 만났던 것이다! 당시 아흔네 살이었던 그는 장례식 때 자신이 어떻게 언급될까 궁금해하며 골몰하고 있었다. 그리고 잠시 후 마이클에게 자기 이름이 언급되지 않기를 바란다고 말했다.

"뭐라고요?" 마이클이 되물었다.

"주 예수님의 이름만 높여지기 바랍니다."

빌리 그레이엄은 2억 1천 5백만 명의 사람들에게 직접 설교했고,

방송을 통해서도 수억 명에게 설교했다. 각 대륙의 대형 경기장을 가득 채웠다. 트루먼부터 오바마에 이르기까지 미국의 대통령들에게 조언했다. 가장 존경하는 인물 상위권에 꾸준히 이름을 올렸다. 그럼에도 그는 자기 장례식 때 자신의 이름이 언급되지 않기를 바랐다.

하나님께서 지극히 크신 분임을 깨달을 때 우리가 얼마나 작은지 보게 된다는 말이 이런 걸까?

교만히 행하는 자는 하나님께서 낮추신다. 하지만 겸손히 행하는 자는 사용하신다.

느부갓네살 왕은 이 교훈을 배웠다. 그러기까지 7년이 걸렸지만 마침내 핵심을 파악했다.

> 그 기한이 차매 나 느부갓네살이 하늘을 우러러 보았더니 내 총명이 다시 내게로 돌아온지라. 이에 내가 지극히 높으신 이에게 감사하며 영생하시는 이를 찬양하고 경배하였나니, 그 권세는 영원한 권세요 그 나라는 대대에 이르리로다. … 지금 나 느부갓네살은 하늘의 왕을 찬양하며 칭송하며 경배하노니, 그의 일이 다 진실하고 그의 행하심이 의로우시므로 교만하게 행하는 자를 그가 능히 낮추심이라(단 4:34, 37).

마지막 문장에 밑줄을 긋고 싶을 거다. **"교만하게 행하는 자를 그가 능히 낮추심이라."** 하나님께서 당신을 낮추시기를 기다리기보다 당신 스스로 겸비하는 게 낫다.

소망의 약속 되새기기

1. 당신의 말로 **교만**을 정의해 보라.

2. 다음 빈칸을 채우라. 하나님께서 교만한 자를 대적하시는 이유는 교만한 자가 _____을 대적하기 때문이다.

3. 성경은 겸손과 교만에 대해 직설적으로 명쾌하게 이야기한다. 시편 10편 3절과 잠언 16장 5절, 26장 12절, 이사야 2장 12절, 5장 21절을 읽으라.
   - 성경이 이토록 자주 교만에 대해 이야기하는 이유는 무엇인가?
   - 하나님은 왜 교만을 미워하시는가?

4. 버니 메이도프와 느부갓네살 왕의 비극적인 이야기가 어떻게 비슷한가? 그리고 어떻게 다른가?

5. 당신이 뭔가에 대단히 교만했던 순간을 떠올려 보라. 그 결과 무슨 일이 일어났는가?

6. 교만이 우리와 다른 사람들의 관계를 어떻게 파괴하는가? 또 우리와 하나님의 관계를 어떻게 손상시키는가?

7. 교만의 예는 일찍부터 성경에 기록되었다. 창세기 3장 1-6절을 읽으라. 아담과 하와가 에덴동산에서 지은 첫 번째 죄에서 교만이 어떤 역할을 하였는가?

8. 아담과 하와가 죄를 지은 후, 성경은 "이에 그들의 눈이 밝아져 자기들이 벗은 줄을 알고 무화과나무 잎을 엮어 치마로 삼았더라"(창 3:7)고 말한다.
   - 이 구절과 창세기 2장 25절을 비교하라.
   - 아담과 하와는 죄를 지은 후(죄를 짓기 전이 아니다) 수치심을 느꼈다. 교만과 수치심이 어떻게 연결되어 있는가?

9. 불안과 두려움을 덮는 데 교만이 사용될 때가 많다. 하지만 교만은 결코 그런 것들로부터 우리를 자유롭게 하지 못한다. 저자는 "겸손의 숲에는 놀라운 자유가 있다"고 말한다. 이 말이 무슨 뜻인가? 교만이 당신에게 감옥처럼 느껴진 적이 있는가?

10. 로마서 8장 1-2절을 읽으라. 이 구절은 그리스도 안에 있는 우리의 수치심에 대해 무엇을 말해 주는가? 그리스도의 희생이 우리의 죄를(그리고 우리의 수치심을) 제거하였음을 믿는 것이 어떻게 우리를 해방시키고, 교만한 삶이 아닌 겸손한 삶을 살게 하는가?

11. 빌립보서에서 바울은 그리스도를 아는 지식이 예전에 그가 자기의 교만을 두던 대상을 바꾸었다고 말했다. 빌립보서 3장 4-9절을 읽으라.

- 바울이 그리스도를 알기 전에는 무엇을 자랑하였는가?
- 그리스도를 만난 후, 바울은 빌립보서 3장 4-6절에 열거한 것을 어떻게 생각했는가?
- 그리스도를 아는 지식이 당신이 자랑하던 방식과 당신이 자랑하던 것을 바꾸었는가? 혹은 자랑의 본질을 변화시켰는가?

12. 느부갓네살 왕은 광야에서 보낸 7년이 끝날 무렵 "내가 지극히 높으신 이에게 감사하며 영생하시는 이를 찬양하고 경배하였나니 … 지금 나 느부갓네살은 하늘의 왕을 찬양하며 칭송하며 경배하노니, 그의 일이 다 진실하고 그의 행하심이 의로우시므로 교만하게 행하는 자를 그가 능히 낮추심이라"(단 4:34, 37)고 했다.

- 느부갓네살이 겸손해지기까지 왜 그토록 오랜 시간이 걸렸는가?
- 이 구절에서 느부갓네살은 하나님을 찬양했다. 겸손이 어떻게 경배하는 길을 여는가? 교만은 어떻게 경배를 막는가?

13. 당신의 삶에서 교만과 수치심에 대해 잠시 생각할 시간을 가지라.

- 당신이 교만에 붙들린 것 같다고 여기는 삶의 영역을 적어 보라. 당신은 왜 교만을 붙들고 있는가? 어떻게 겸손에서 자유를 발견할 수 있는가?
- 당신이 수치심을 느끼는 삶의 영역을 생각해 보라. 그중에 당신이 앞에서 적은 교만의 영역과 연결되는 것이 있는가?
- 오늘 당신은 무엇에서 자유로워지기를 원하는가? 그 자유를 얻는 데 그리스도의 사랑이 어떻게 도움을 주는가?
- 당신이 수치심과 교만에서 자유롭다면 당신의 삶은 어떤 모습이겠는가? 그것이 당신과 다른 사람의 관계, 그리고 하나님과의 관계에 어떤 영향을 미칠 것 같은가?

하나님의 약속

우리에게 있는 대제사장은 우리의 연약함을
동정하지 못하실 이가 아니요
히브리서 4:15

7

Unshakable Hope

하나님께서 당신을
이해하신다

2008년 4월 어느 화창한 오후, 여자 대학 소프트볼 두 팀(하나는 오리건, 하나는 워싱턴 출신이었다)이 캐스케이드 산의 푸른 하늘 아래에서 접전을 펼쳤다. 백여 명의 팬이 지켜보는 가운데, 두 팀은 울타리 친 코트 안에서 결정적인 경기를 했다. 승자는 리그 결승전에 진출하고, 패자는 글러브를 걸고 집으로 돌아가게 되는 중요한 경기였다.

'웨스턴 오리건 울브스'(Western Oregon Wolves)는 여러 명의 강력한 타자를 자랑했지만 세라 투홀스키(Sara Tucholsky)는 그중 하나가 아니었다. 세라는 1할 5푼 3리의 타율을 보였고, 그녀가 그 경기에서 뛴 이유는 1급 우익수가 앞선 경기를 망쳤기 때문이었다. 세라는 홈런을 친 적이 한 번도 없었지만, 앞선 경기가 열린 토요일에는 두 명의 주자가

진루해 있던 상황에서 커브볼을 받아 쳐서 왼쪽 담장 위로 넘겼다.

세라는 너무 흥분한 나머지 1루를 밟지 않고 달렸다. 코치는 세라에게 돌아와서 1루를 밟으라고 소리쳤다. 그녀가 몸을 돌려 되돌아오려 할 때, 그녀의 무릎에서 뭔가가 튀어나와서 고꾸라졌다. 하지만 그녀는 몸을 질질 끌며 1루로 돌아왔고, 무릎을 가슴에 끌어안으며 고통스러워했다. 그녀가 1루 코치에게 물었다. "어떡하죠?"

심판도 어찌할 줄을 몰랐다. 그는 세라의 팀 동료가 그녀를 도와주면 세라가 아웃된다는 것을 알고 있었다. 세라는 일어서려 했지만 계속 주저앉았다. 그녀의 팀 누구도 그녀를 도울 수 없었고, 세라의 다리는 그녀를 지탱하지 못했다. 어떻게 본루를 밟을 것인가. 결국 심판들이 상의를 하기 위해 모였다.[1] 심판들은 모여 있고 세라는 신음하고 있는 상황이었다.

이 상황을 내가 무언가와 비교해도 될까? 내 안에 있는 설교 본능을 탓해야겠지만, 어쨌거나 나는 이 찰나에 예화거리를 발견한다. 당신과 나는 세라 투홀스키와 비슷한 점이 많다. 우리 역시 넘어졌다. 소프트볼이 아닌 인생에서다. 우리는 도덕성, 정직성, 진실성에서 넘어졌다. 최선을 다했지만 결국 넘어지고 말았다. 우리의 훌륭한 노력의 결과가 고작 나가떨어지는 것이었다. 세라처럼 우리도 약해진다. 인대가 찢어진 건 아니지만 마음이 깨지고, 정신이 고단하며, 비전이 흐릿하다. 우리가 있는 곳과 우리가 있고 싶은 곳은 도저히 극복할 수 없을 만큼 멀다. 어떻게 해야 할까? 우리는 어디로 돌아가야 할까?

여기서 나는 참으로 달콤한 약속으로 돌아가자고 제안하려 한다.

우리에게 있는 대제사장(예수님)은 우리의 연약함을 동정하지 못하실 이가 아니요 모든 일에 우리와 똑같이 시험을 받으신 이로되 죄는 없으시니라. 그러므로 우리는 긍휼하심을 받고 때를 따라 돕는 은혜를 얻기 위하여 은혜의 보좌 앞에 담대히 나아갈 것이니라(히 4:15-16).

우리에겐 우리를 이해하시는 대제사장이 있다. 그분이 이해하시기 때문에 우리는 필요한 순간에 자비와 은혜를 발견한다. 버림받고 시들해지지 않는다. 쓰러질 때에도 잊히지 않는다. 넘어질 때에도 버려지지 않는다. 하나님은 우리를 이해하신다.

신학 교과서는 이 약속을 '성육신'이라는 제목으로 논한다. 하나님께서 얼마 동안 우리 중 하나와 같은 인간이 되셨다. 이건 정말 깜짝 놀랄 아이디어다. "말씀이 육신이 되어 우리 가운데 거하시매 우리가 그의 영광을 보니 아버지의 독생자의 영광이요 은혜와 진리가 충만하더라"(요 1:14).

하나님께서 예수 그리스도의 모습으로 육신이 되셨다. 그분은 기적으로 잉태되셨고, 자연의 순리대로 출생하셨다. 우리와 똑같은 방식으로 태어나셨지만 동정녀에게서 나셨다.

만일 예수님이 전능한 모습으로 이 땅에 오셨다면, 우리는 그분을 존경했겠지만 결코 그분께로 가까이 가지는 못할 것이다. 궁극적으로 인간이 되는 것을 하나님께서 어떻게 이해하실 수 있겠는가?

그리고 예수님께서 생물학적으로 두 명의 인간 부모에게서 잉태되셨다면, 우리는 그분께로 가까이 갈 수 있겠지만 그분을 과연 경배할 수 있을까? 우리와 조금도 다를 바 없으신 분을 말이다.

하지만 예수님이 둘 다(하나님인 동시에 인간)라면, 우리는 두 세계의 최선을 갖는다. 그분의 인성도 신성도 타협되지 않는다. 그분은 온전히 인간이시고, 또한 온전히 하나님이시다. 전자 때문에 우리는 그분께 가까이 가고, 후자 때문에 우리는 그분을 경배한다.

골로새서 1장 15-16절의 메시지가 바로 이것이다.

그는 보이지 아니하는 하나님의 형상이시요 모든 피조물보다 먼저 나신 이시니, 만물이 그에게서 창조되되 하늘과 땅에서 보이는 것들과 보이지 않는 것들과 혹은 왕권들이나 주권들이나 통치자들이나 권세들이나 만물이 다 그로 말미암고 그를 위하여 창조되었고

예수님은 인간이 되시면서 신성의 단 한 방울도 잃지 않으셨다. 인간으로 나타나셨지만, 그분은 사실 하나님이셨다. 하나님의 충만하심이, 하나님의 모든 것이 그리스도의 육체 안에 거하셨다. "아버지께서는 모든 충만으로 예수 안에 거하게 하시고"(골 1:19). 별을 만드신 분이 얼마 동안 나사렛에 내각을 차리셨다.

예수님은 평범한 인간처럼 보였지만, 그분과 가장 가까이에 있던 사

람들은 예수님을 보며 저절로 감탄사를 연발했다. 예수님의 신성이 돋보인 적은 정말 많다. 구경꾼들은 한 걸음 물러서며 "이이가 어떠한 사람이기에 바람과 바다도 순종하는가"(마 8:27)라고 물을 수밖에 없었다.

몇 년 전 나는 교사로서 일주일간 성경 수련회를 섬겼다. 그 수련회에 대해서는 추억할 것이 참 많다. 음식도 훌륭했다. 해변의 시설도 장관이었다. 새 친구도 여럿 사귀었다. 그럼에도 내게 가장 인상 깊었던 한 가지는 금요일 밤의 농구였다.

그 아이디어는 데이비드가 도착한 순간에 발현되었다. 참석자들은 그가 오는 것을 모르고 있었다. 하지만 그가 방 안에 들어오자마자 누구인지 금방 알아챘다. 그는 데이비드 로빈슨(David Robinson)이었다. NBA 올스타이자 MVP! 올림픽에 세 번이나 출전했고, 금메달을 두 번이나 땄다. 드림팀 멤버이고, NBA 챔피언을 두 차례 수상한 최고의 대학 농구선수였다. 216센티미터의 키를 가진 떠오르는 인재였고, 근육질의 몸과 잘 연마된 기술을 가진 그의 농구 IQ는 전설적이었다.

첫째 날이 끝날 무렵, 누군가가 내게 물었다. "우리가 데이비드와 농구할 기회가 있을까요?" 여기서 '우리'란 땅딸막한 중년, 쉽게 말해서 몸매가 형편없는 녀석들을 말했다. 뚱뚱한 몸과 애처로운 기술을 가진 그들의 농구 IQ는 다람쥐보다 조금 못한 수준이었다.

그럼에도 나는 데이비드에게 물었다. 그러자 데이비드는 관용의 극치를 보여 주며 그러자고 대답했다.

우리는 경기 일정을 잡았다. 말도 안 되는 그 경기를 말이다. 수련회의 마지막 날인 금요일 밤이었다. 성경 강의 출석률은 떨어지고, 농구 경기 참석률은 높아졌다. 중학교 시절 이후로 드리블을 해 본 적 없는 사람들이 골대를 향해 슛을 던지고 또 던지는 것을 볼 수 있었다. 하지만 그물망은 좀처럼 위협당하지 않았다.

경기가 있던 그날 밤, 데이비드가 농구 코트로 걸어 들어왔다. 일주일 동안 처음 있는 일이었다. 그가 준비 운동을 시작하자 우리는 모든 동작을 멈췄다. 농구공이 그의 손에 착 달라붙었다. 마치 내 손으로 테니스공을 쥐는 것 같았다. 그는 공을 드리블하고, 손가락으로 돌리고, 등 뒤로 패스하면서 대화를 계속 이어 갔다. 이윽고 경기가 시작되었다. 그는 과연 데이비드였고 우리는 어린애였다. 그는 자기 실력을 억제했다. 우리 모두가 그 사실을 알 수 있었다. 그런데도 그의 한 걸음은 우리의 두 걸음이었다. 그는 두 손이 아닌 한 손으로 공을 잡았다. 그의 공은 패스라기보다 미사일이었다. 그는 우리가 꿈으로만 꿀 수 있는 수준의 농구를 했다.

잠시 동안 그에게 하고 싶은 대로 경기해 보라고 했다(내가 재미삼아 제안했다). 마이클 조던과 찰스 바클리 위로 덩크 슛을 내리꽂던 그 친구를 해방시켜 주었다. 더 이상은 그가 자기 실력을 억제할 수 없을 것 같았다. 그는 세 걸음 만에 중앙선에서 골대까지 질주했다. 땅딸막한 중년의 수비들은 그가 달려와서 골대와 수평을 이루고 백보드가 흔들리도록 강한 힘으로 덩크 슛을 하는 동안 깨끗하게 길을 내주었다. 그것을 본 우리는 침을 꿀꺽 삼켰다. 그리고 데이비드는 웃음을 지었다.

그날 우리는 메시지를 얻었다. 경기가 어떻게 진행되는지에 관한 것이었다. 우리는 동일한 농구코트를 나눠 썼지만, 능력까지 동일하게 나눠 쓰지는 않았다.

나는 예수님을 따르던 자들도 이와 비슷한 생각을 가졌을 거라고 생각한다. 어느 날 예수님은 귀신들에게 귀신들린 자에게서 떠나라고 명령하셨고, 그렇게 되었다. 어느 날에는 폭풍우에게 잠잠하라고 명령하셨고, 그렇게 되었다. 또 어떤 날에는 죽은 소녀에게 일어나라고 말씀하셨고, 그 소녀가 일어나 앉았다. 무덤에 있던 나사로는 걸어 나왔다. 그가, 그녀가, 또 그가 그렇게 되었다.

"아버지께서는 모든 충만으로 예수 안에 거하게 하시고"(골 1:19). 예수님은 희석되지 않은 하나님이셨다. 예수님께서 "하늘과 땅의 모든 권세를 내게 주셨으니"(마 28:18)라고 선포하실 때 아무도 토를 달지 않은 것은 당연하다.

달이 밀물과 썰물에 영향을 미친다고 생각하는가? 하지만 그리스도께서 달을 운행하신다. 미국이 초강대국이라고 생각하는가? 미국은 그리스도께서 주신 힘을 가졌을 뿐 그 이상은 아니다. 예수님께서 만물의 지휘권을 가지신다. 영원토록 그러하시다.

그런데 그 높은 지위에도 불구하고 얼마 동안 기꺼이 신성의 특권을 내려놓으시고 인성으로 들어오셨다.

예수님은 여느 아기가 태어나는 것처럼 태어나셨다. 그분의 어린 시절은 평범했다. "예수는 지혜와 키가 자라가며 하나님과 사람에게 더욱 사랑스러워 가시더라"(눅 2:52). 그분의 육체는 점점 자라 갔다. 근육도 강해졌다. 뼈도 성장했다. 예수님이 청소년기의 불편함을 건너뛰셨다는 증거는 어디에도 없다. 어쩌면 그분은 마르거나 못생기셨을지도 모른다. 예수님은 벌어진 상처에 소금이 떨어졌을 때의 따끔거림과 근육통의 아픔을 아셨다. 어른이 되신 예수님은 우물곁에 앉으실 수밖에 없을 만큼 피곤하셨다(요 4:6). 흔들리는 배에서 주무셔야 할 만큼 잠이 쏟아질 때도 있었다(막 4:35-38). 광야에서는 시장하셨고, 십자가 위에서는 목마르셨다. 병사들이 피부를 뚫고 못을 박을 때에는 온몸의 신경이 고통 속에서 울부짖었다. 십자가 위에 매달려 몸이 축 처질수록 두 개의 허파는 산소를 바라고 또 바랐다.

말씀이 육신이 되셨다. 이 약속이 중요할까? 하나님이 당신을 이해하시는지 궁금했다면 그렇다. 하나님이 당신의 말을 들으시는지 궁금했다면 너무도 중요한 약속이다. 창조되지 않은 창조주가 당신이 직면한 문제들을 이해할 수 있는지 궁금했다면 성육신의 약속을 오래도록 진지하게 생각하라. 예수님은 "우리의 연약함을 동정하지 못하실 이가 아니"시다(히 4:15). 당신의 기도를 경청하고 당신의 고통을 이해하시는 분이다. 그분은 결코 육체의 씨름을 무시하거나 조롱하거나 묵살하지 않으신다. 그분은 인간의 육체를 가지셨다.

마음이 괴로운가? 그분도 그러셨다(요 12:27).

마음이 매우 고민하여 죽게 되었는가? 그분도 그러셨다(마 26:38).

슬픔으로 눈물을 흘리는가? 그분도 그러셨다(요 11:35).

심한 통곡과 눈물로 간구와 소원을 올린 적이 있는가? 그분도 그러셨다(히 5:7).

그분은 당신을 이해하신다. 참으로 인간이시기에 자기 백성을 만지실 수 있었다. 참으로 전능하시기에 자기 백성을 치유하실 수 있었다. 참으로 인간이시기에 억양을 가지고 말씀하셨다. 참으로 신이시기에 권위를 가지고 말씀하셨다. 참으로 인간이시기에 삼십 년간 눈에 띄지 않고 섞이실 수 있었다. 참으로 전능하시기에 역사를 바꾸셨고, 이천 년간 잊히지 않으셨다. 온전한 인간이셨고, 온전한 하나님이셨다.

언젠가 요단강에 들어간 적이 있다. 이스라엘 여행 중에 나와 가족들은 예수님이 세례를 받으셨다는 지점에 들렀다. 그곳은 매력적인 장소다. 플라타너스가 그림자를 드리운다. 새들이 재잘거린다. 강물이 오라고 손짓한다. 그 초대를 받아들여 나는 세례를 받으러 들어갔다.

아무도 동참하려 하지 않았다. 그래서 나는 나 자신을 물에 담갔다. 그리스도에 대한 신앙을 선포하고 강바닥을 짚기 위해 물속으로 몸을 낮췄다. 그 순간 손끝에 나뭇가지가 느껴져 그것을 잡아당겼다. 세례 기념품이었다! 어떤 사람들은 세례증서나 성경책을 받지만, 나는 그 막대기가 좋다. 손목 두께의 팔뚝만 한 길이인데 아기 엉덩이처럼 부드럽다. 나는 그것을 내 사무실 진열장에 보관하고 있다. 두려움으로 가득 찬 사람들에게 보여 주기 위해서다. 그들이 경제 형편이나 자녀에 대한 근심을 나열할 때, 나는 그들에게 그 막대기를 건네준다. 하나님께서 어떻게 우리의 세상(기저귀를 차고, 죽음이 기다리고, 음식물을 소화시켜야 하고, 질병이 있는 세상)에서 그분의 발을 더럽히셨는지 말해 준다. 세례 요한이 세례를 베풀지 않겠다고 말했지만 예수님께서 어떻게 듣지 않으셨는지 말해 준다. 그분이 우리 중의 하나가 되시기 위해 어떻게 이 땅에 오셨는지 말해 준다. 그리고 "아마도 그분은 이 막대기도 만지셨을 거예요."라고 말해 준다.

그러면 그들이 웃는다. 그때 나는 이렇게 묻는다. "그분이 우리에게 닿기 위해 여기까지 오셨으니, 우리의 두려움을 그분께 가져갈 수 있지 않을까요?"

다음의 약속을 다시 한 번 천천히 생각하며 읽어 보라.

우리에게 있는 대제사장(예수님)은 우리의 연약함을 동정하지 못하실 이가 아니요 모든 일에 우리와 똑같이 시험을 받으신 이로되 죄는 없으시니라. 그러므로 우리는 긍휼하심을 받고 때를 따라 돕는 은혜를 얻기 위하여 은혜의 보좌 앞에 담대히 나아갈 것이니라(히 4:15-16).

어떤 사람들은 예수님이 우리를 온전히 이해하실 수 없다는 증거로 예수님의 죄 없으심을 지적한다. 그들의 추론대로 예수님은 한 번도 죄를 지으신 적이 없는데 어떻게 죄의 강력한 힘을 온전히 이해하실 수 있을까? 간단하다. 예수님은 우리가 느끼는 것 이상으로 죄의 힘을 느끼셨다. 그러나 우리는 포기하지만 예수님은 결코 포기하지 않으셨다! 우리는 굴복하지만 그분은 결코 굴복하지 않으셨다. 예수님은 유혹의 쓰나미 앞에서도 결코 흔들리지 않으셨다. 그렇게 예수님은 이제껏 살다 간 그 누구보다도 죄의 강력한 힘을 이해하신다.

뿐만 아니라 예수님은 죄의 결과를 감당하겠다고 자원하셨다. 그분의 위대한 행위다. "하나님이 죄를 알지도 못하신 이를 우리를 대신하여 죄로 삼으신 것은 우리로 하여금 그 안에서 하나님의 의가 되게 하려 하심이라"(고후 5:21).

예수님은 수치심을 느끼실 필요가 없었지만 그렇게 하셨다. 굴욕을 당하실 필요가 없었지만 그렇게 하셨다. 결코 죄를 지으신 적이 없지만 죄인 취급을 당하셨다. 그분이 죄가 되셨다. 그래서 예수님은 모든 죄책감, 후회, 당혹감을 이해하신다.

이 약속이 중요할까? 위선자에게는 그렇다. 어젯밤 파티의 숙취 및 몽롱한 기억을 가진 사람에게도 그렇다. 겸손한 마음으로 하나님께 나아오는 사기꾼, 중상모략꾼, 험담꾼, 악당에게도 그렇다. 이 약속이 중요한 이유는 우리가 "긍휼하심을 받고 때를 따라 돕는 은혜를 얻기 위하여 은혜의 보좌 앞에 담대히 나아갈"(히 4:16) 수 있다는 것을 그들이 알아야 하기 때문이다.

예수님은 인간이시기 때문에 당신을 이해하신다.

예수님은 하나님이시기 때문에 당신을 도우실 수 있다.
그분은 우리를 본향에 데려가시기 위해 특별한 지위를 가지셨다.

예수님은 우리를 위해 멜로리 홀트먼(Mallory Holtman)이 세라 투홀스키에게 했던 일을 하신다. 기억하는가? 세라는 홈런을 치고 달리는 동안 전방 십자인대가 찢어졌던 소녀다. 우리가 세라를 두고 떠날 때, 그녀는 경기장 바닥에 누워 한 손으로는 무릎을 움켜쥐고 나머지 한 손으로는 1루를 터치하고 있었다. 심판들이 모였다. 선수들은 그것을 지켜봤다. 팬들은 누군가가 세라를 경기장 밖으로 데려가야 한다고 소리쳤지만 세라는 떠나려 하지 않았다. 어떻게든 본루를 밟기 원했다.

결국 멜로리 홀트먼이 해결책을 제시했다. 멜로리는 상대 팀인 센트럴 워싱턴 유니버시티(Central Washington University)의 1루수였다. 그녀는 졸업반이었고 승리를 원했다. 한 번의 패배가 그녀의 시즌을 끝낼 수 있었다. 어쩌면 당신은 멜로리가 홈런이 무효화되는 것을 보며 기뻐했을 거라 생각할지 모르겠다. 하지만 그녀는 그러지 않았다.

"저기요," 멜로리가 심판들에게 말했다. "제가 진루를 도와줘도 될까요?"

"왜 그런 짓을 하려고 하지?" 누군가가 물었다.

하지만 그녀가 미처 대답하기 전에 심판이 어깨를 으쓱하며 말했다. "그러시오."

그 말을 들은 멜로리는 유격수에게 도와달라는 신호를 보냈고, 두 사람이 다친 선수를 향해 걸어갔다. "우리가 너를 들어 올릴 거야. 너를 2루, 3루, 홈에 데려다줄게."

세라의 볼을 타고 눈물이 흘러내렸다. "고마워."

멜로리와 유격수는 한 손을 세라의 다리 아래 넣고 다른 한 손을 세라의 팔 아래 넣었다. 자비의 미션이 시작되었다.

두 사람은 2루와 3루에서 세라의 발이 베이스에 닿도록 낮추고 충분히 멈추었다. 그들이 홈을 향할 때, 관중들이 자리에서 일어섰고 세라의 팀 동료들은 본루에 모여 있었다. 세라는 본향에 돌아오는 여왕처럼 웃고 있었다.[2]

멜로리는 그래야 했다. 도울 수 있는 단 한 사람이 도왔고, 그녀의 도움 덕분에 세라는 홈에 들어왔다.

하나님은 당신과 내게 동일한 일을 베푸신다. 멜로리가 세라에게 준 메시지는 하나님께서 우리에게 주시는 메시지다. "내가 너를 들어 올려서 홈에 데려다주겠다."

그러시게 하라. 당신의 힘으로는 해낼 수 없다. 하지만 예수님은 당신에게 없는 능력을 갖고 계시다. 그분이 당신의 대제사장이시다. 당신에게 도움이 필요할 때, 그분만이 당신을 도우실 수 있고 기꺼이 돕고 싶어 하신다.

그분께서 오신 목적을 이루시게 하라. 당신을 본향에 데려다주시게 하라.

소망의 약속 되새기기

1. 성육신은 기독교를 세상의 다른 모든 종교와 구분 짓는다. 성육신의 독특한 점은 무엇인가? 예수님은 다른 종교가 경배하는 신과 어떻게 다른가?

2. 요한복음 1장 1-18절은 성육신 이야기를 아름답게 설명한다. 이 구절에서 예수님에 관하여 어떤 단어들이 사용되었는가? 예수님이 어떻게 묘사되는가? 모든 묘사에 밑줄을 긋거나 종이에 적어 보라.

3. 요한이 "말씀"에 사용한 헬라어는 **로고스**다. 로고스는 그 당시 청중에게 친숙한 용어였다. 헬라의 철학자들은 우주에 의미와 질서를 수여한 인물이나 신적 존재를 묘사하기 위해 그 단어를 오래도록 사용해 왔다.[3] 그것을 안 요한이 예수님을 설명하기 위해 이 특별한 단어를 선택한 이유는 무엇인가?

4. 성육신은 여러 면에서 우리가 이해하기에 신비로운 사건이다. 요한복음 1장 1-18절 내용을 생각할 때, 성육신을 다른 사람에게 어떻게 설명하는 것이 좋은가?

5. 요한복음 1장과 같은 맥락에서 바울은 "그는 보이지 아니하는 하나님의 형상이시요 모든 피조물보다 먼저 나신 이시니, 만물이 그에게서 창조되되 하늘과 땅에서 보이는 것들과 보이지 않는 것들과 혹은 왕권들이나 주권들이나 통치자들이나 권세들이나 만물이 다 그로 말미암고 그를 위하여 창조되었고"(골 1:15-16)라고 썼다. 다음 장에서는 "그 안에는 신성의 모든 충만이 육체로 거하"신다고 말했다(골 2:9).

- 이 구절은 예수님이 완전한 신이고 완전한 인간이셨음을 보여 준다. 예수님은 왜 완전한 인간이 되셔야 했는가?
- 예수님은 왜 완전한 신으로 남으셔야 했는가?

6. 기독교 신앙에서 예수님의 신성이 중요하다고 생각하는가? 왜 그렇게 생각하는가? 혹은 왜 그렇지 않다고 생각하는가?

7. 요한일서 4장 2-3절은 "이로써 너희가 하나님의 영을 알지니 곧 예수 그리스도께서 육체로 오신 것을 시인하는 영마다 하나님께 속한 것이요, 예수를 시인하지 아니하는 영마다 하나님께 속한 것이 아니니"라고 기록되었다.

- 누군가가 하나님의 영을 가졌음을 어떻게 알 수 있는가?
- 누군가가 하나님의 영을 가지지 않았음을 어떻게 알 수 있는가?

8. 저자는 "만일 예수님이 전능한 모습으로 이 땅에 오셨다면, 우리는 그분을 존경했겠지만 결코 그분께로 가까이 가지는 못할 것이다. … 예수님께서 생물학적으로 두 명의 인간 부모에게서 잉태되셨다면, 우리는 그분께로 가까이 갈 수 있겠지만 그분을 과연 경배할 수 있을까? 우리와 조금도 다를 바 없으신 분을 말이다."라고 썼다.

- 당신은 예수님을 그분의 인성이나 신성을 통해 보는가?
- 예수님의 신성과 인성이 당신과 예수님의 관계에 어떤 영향을 미치는가?
- 예수님의 신성과 인성이 예수님의 다른 면을 생각하는 데 어떤 유익을 주는가?

9. 마가복음 4장 38절, 누가복음 2장 52절, 요한복음 4장 6절, 12장 27절을 읽으라. 이 구절들은 예수님의 인성을 어떻게 나타내는가?

10. 당신이 직면하고 있는 어려운 상황을 생각해 보라. 예수님이 지니신 인성의 어떤 면이 당신이 이 시험의 한복판에서 그분과 연결되도록 돕는가?

11. 예수님께서 육신이 되셨기 때문에 하나님은 우리가 생각하는 것보다 훨씬 더 많이 우리를 이해하신다. 히브리서 4장 15-16절은 "우리에게 있는 대제사장은 우리의 연약함을 동정하지 못하실 이가 아니요 모든 일에 우리와 똑같이 시험을 받으신 이로되 죄는 없으시니라. 그러므로 우리는 긍휼하심을 받고 때를 따라 돕는 은혜를 얻기 위하여 은혜의 보좌 앞에 담대히 나아갈 것이니라"고 기록되었다.

- 기도로 하나님께 나아갈 때 당신은 은혜를 받을 거라 확신하는가, 아니면 하나님의 응답을 두려워하는가?
- 우리의 대제사장이신 예수님께서 우리를 이해하신다는 사실이 우리가 기도로 하나님께 나아가는 데 어떤 영향을 미치는가?

12. 오늘 하나님의 보좌 앞에서 시간을 보내라. 그분께 나아가라. 당신의 대제사장이신 예수님은 당신이 하나님의 발아래 가져가는 모든 것을 알고 이해하신다. 오늘 그분의 임재 안에서 평안을 느끼라. 그분은 당신을 이해하시는 하나님이다.

하나님의 약속

그리스도 예수시니 그는 하나님 우편에 계신 자요
우리를 위하여 간구하시는 자시니라.

로마서 8:34

8
Unshakable Hope

그리스도께서 당신을 위해 기도하신다

우리 생각에는 폭풍우가 그쳤을 것 같다. 어쨌거나 예수님이 이 땅에 계시지 않았던가. 그분이 이 행성을 만드셨다. 그분이 폭풍우 시스템도 고안하셨다. 대기, 바람, 비의 개념을 모두 그분이 창조하셨다. 우리 생각에는 예수님이 이 땅에 계시는 동안에는 세상에 폭풍우가 없었을 것 같다. 하나님이 자연 법칙을 저지하셔서 자기 아들이 비가 퍼붓거나 바람이 휘몰아치는 불편함을 겪지 않게 하셨을 것 같다. 적어도 그분은 안전장치 안에서 걸어 다니셨을 것 같다. 교황이 군중 사이를 지나갈 때처럼 말이다. 우리의 구주를 보호막으로 감싸서 그분이 흠뻑 젖지도, 춥지도, 두렵지도, 바람을 맞지도 않으시게 하는 거다. 예수님이라면 당연히 인생의 폭풍우를 피하셔야 한다.

그리고 우리도 그래야 한다. 겉으로 말은 하지 않지만 그리스도인이 마음속으로 기대하는 바는 이거다. '**나는 하나님께 속했으니 인생의 역경들에 대한 프리패스를 받은 거야. 안전장치를 얻은 거지. 다른 사람들은 폭풍우를 만날 거야. 나는 그들을 도우며 살 거고. 내가 폭풍우를 만나는 경우? 그런 일은 절대로 없어.**'

예수님을 따르는 삶은 폭풍우 없는 삶인가? 그런가?

그런 기대감은 현실의 바위에 부딪혀 산산조각 나고 만다. 진실은 우리 인생에도 폭풍우가 찾아온다는 것이다. 예수님은 "세상에서는 너희가 환난을 당하나"(요 16:33)라고 우리에게 확실히 말씀하셨다. 폭풍우는 당신과 나를 찾아올 것이다. 폭풍우는 예수님의 첫 번째 제자들에게도 찾아왔다. "예수께서 즉시 제자들을 재촉하사 자기가 무리를 보내는 동안에 배를 타고 앞서 건너편으로 가게 하시고 … 배가 이미 육지에서 수 리나 떠나서 바람이 거스르므로 물결로 말미암아 고난을 당하더라"(마 14:22-24).

때로는 우리가 우리의 폭풍우를 직접 만든다. 술을 너무 많이 마시거나 돈을 너무 많이 빌리거나 나쁜 무리와 어울린다. 어느 순간 우리는 우리가 직접 만든 폭풍우 속에 놓인 자기 자신을 발견한다.

제자들의 경우는 달랐다. 그들은 그리스도께서 그곳에 있으라고 말씀하셨기 때문에 폭풍우가 몰아치는 바다 위에 있었다. "예수께서 … 제자들을 재촉하사 … 배를 타고 …." 요나가 하나님을 피해 도망가려 했던 것과도 달랐다. 그들은 예수님께 순종하려는 제자들이었다. 그들은 자신들의 지원이 물거품이 되어 버린, 바다를 건너는 선교사들이었다. 그들은 자신들의 노력이 부정직한 경쟁자들의 더 높은 호가로 무산되어 버린, 옳은 길을 선택한 비즈니스 리더들이다. 그들은 자녀를 갖지 못한, 결혼생활 내내 하나님을 경외한 부부다. 그들은 시험에 불합격한, 열심히 준비한 학생이다. 그들은 폭풍우 속으로 돌진해 간, 예수님의 지시대로 배를 탔던 제자들이다.

폭풍우는 순종하는 자들에게 찾아온다. 그것도 강력한 한 방과 함께 찾아온다. "배가 이미 육지에서 수 리나 떠나서 바람이 거스르므로 물결로 말미암아 고난을 당하더라"(마 14:24).

바다 동편의 산을 둘러싼 찬 공기가 물 쪽의 따뜻한 열대 공기와 섞인다. 결과는 폭풍우다. 그렇게 생겨난 폭풍우는 갈릴리 바다에서 더 사나워질 수 있다. 예수님이 제자들을 보내신 건 저녁 즈음이었다. "제자들이 노를 저어 십여 리쯤 가다가"(요 6:19) 폭풍우가 덮친 것이다. 저녁은 밤이 되었고, 바람과 비가 거세졌다. 오래지 않아 그들이 탄 배는 갈릴리 바다의 성난 롤러코스터를 타고 있었다. 8킬로미터를 건너는 여행은 한 시간도 채 걸리지 않아야 했다. 그러나 밤 사경(새벽 3-6시)이 되도록 제자들은 해변에서 멀리 떨어진 곳에 있었다.

그들은 믿음직스러웠다. 배를 돌려 되돌아가지 않았다. 우직하게 순종했다. 노 젓기를 계속하며 바다를 건너려고 배를 끌었다. 하지만 지는 싸움이었다. 폭풍우는 그들을 해변에서 너무 먼 곳에 남겨두었다. 싸우기엔 너무 멀었고, 파도에 비해 너무도 힘이 없었다.

그들과 함께 배에 올라 보자. 비가 철벅이는 그들의 얼굴을 보라. 무엇이 보이는가? 두려움이다. 당연하다. 의심? 물론이다. 심지어 바람 위로 외쳐진 질문을 들을 수도 있다. "예수님이 어디 계시는지 아는 사람 있어?"

성경에는 그 질문이 기록되지 않았지만 분명 그런 질문이 나왔을 거다. 사나운 폭풍우가 순종하는 제자들을 덮치는데 예수님은 대체 어디에 계신 것인가?

대답은 분명하고도 놀랍다. 그분은 기도하고 계셨다. 예수님은 "기도하러 따로 산에 올라가시니라"(마 14:23). 예수님이 달리 다른 것을 하셨다는 암시는 전혀 없다. 드시지도, 이야기를 나누시지도, 주무시지도 않았다. 예수님은 기도하셨다. 옷이 흠뻑 젖고 머리칼이 엉겨 붙기까지 기도에 열중하셨다. 하루 종일 섬기신 후에 밤이 새도록 기도하셨다. 강력한 바람과 얼얼한 빗방울을 느끼셨다. 예수님 역시 폭풍우 속에 계셨다. 그럼에도 기도하셨다.

아니, 그분이 폭풍우 속에 계셨기 때문에 기도하셨다고 말해야 할까? 폭풍우가 그분이 중보기도하신 이유였을까? 그것(제자들을 위해 기도하신 것)이 예수님의 첫 번째 행동일까?

폭풍우가 몰아치는 동안 예수님은 하나님 우편에서 우리를 위하여 간구하신다(롬 8:24). 이 구절에서 "간구하다"로 번역된 헬라어는 강력한 동사다. 누군가가 특별한 요청이나 간청을 한다는 뜻을 갖고 있다.[1] 유대의 총독 베스도는 "간구하다"에 해당하는 헬라어를 사도 바울에 관해 왕에게 말할 때 사용했다. "아그립바 왕과 여기 같이 있는 여러분이여, 당신들이 보는 이 사람은 유대의 모든 무리가 크게 외치되 살려 두지 못할 사람이라고 하여 예루살렘에서와 여기서도 내게 청원하였으나"(행 25:24).

성경적으로 말하면, 이것이 바로 중보자가 하는 일이다. 중보자들은 하나님 앞에 열렬하고 특별한 요청을 가져온다. 이 약속을 깊이 생각하라. 예수님은 지금 이 순간 당신의 폭풍우 한복판에서 당신을 위해 중보하신다. 온 우주의 왕께서 당신 편에서 말씀하신다. 그분이 하늘 아버지께 큰 소리로 외치신다. 성령님의 도우심을 강력히 요구하신다. 당신의 길에 특별한 은총이 주어져야 한다고 중재하신다. 당신 홀로 바람과 파도와 싸우는 게 아니다. 해결책을 찾아내는 건 당신에게 달려 있지 않다. 당신에겐 당신을 지지하시는, 가장 강력한 군주요 가장 거룩한 중재자가 계시다. 스데반이 믿음 때문에 순교당할 때 "성령 충만하여 하늘을 우러러 주목하여 하나님의 영광과 및 예수께서 하나님 우편에 서신 것을 보"았다(행 7:55). 예수님은 스데반의 편이셨다.

당신은 언제든 당신 편이 되어 줄 누군가를 가졌는가? 그렇다. 예수님께서 바로 지금 이 순간에도 당신 편에서 중보하신다.

"메리에게 이번 인터뷰를 해낼 힘을 주소서."
"톰에게 좋은 아버지가 되는 데 필요한 지혜를 주소서."
"앨리슨에게서 잠을 빼앗으려 하는 사탄을 물리치소서."

베드로와 동료들은 이렇게 질문했을지 모른다. "예수님은 어디 계시지?" 병든 자, 약한 자, 가난한 자, 압박당하는 자, 외로운 자도 질문한다. "예수님은 어디 계시지?"

예수님은 어디 계실까? 그분은 하나님의 존전에서 우리를 위해 기도하고 계신다. 그분은 당신에게 베드로에게 하셨던 말씀을 하신다. 예수님은 베드로가 사탄에게 혹독한 시험을 당할 것을 아시고 다음과 같이 분명하게 약속하셨다. "그러나 내가 너를 위하여 네 믿음이 떨어지지 않기를 기도하였노니"(눅 22:32).

예수님은 베드로를 위해 기도하셨다. 예수님은 스데반 편에 서셨다. 예수님은 당신 편에 서서 당신을 위해 기도하겠다고 약속하신다. "그러므로 자기를 힘입어 하나님께 나아가는 자들을 온전히 구원하실 수 있으니, 이는 그가 항상 살아 계셔서 그들을 위하여 간구하심이라"(히 7:25).

우리가 기도를 잊을 때, 그분은 기도하신다.
우리가 의심으로 가득할 때, 그분은 믿음으로 충만하시다.
우리가 가치 없는 말을 할 때, 그분은 꼭 들어야 할 말을 하신다.

예수님은 죄가 없으신, 완벽한 대제사장이다. 그분이 말씀하실 때 온 하늘이 듣는다. 흔들리지 않는 소망은 이 약속의 첫 번째 열매다. 우리는 미래를 알고 싶어 하지만 그러지 못한다. 우리는 앞날을 보고 싶어 하지만 그럴 수 없다. 우리는 모든 질문에 대답이 주어지기를 원하지만 예수님은 이렇게 말씀하신다. "내가 폭풍우 속에서 너를 위해 기도하겠다."

예수님의 기도가 응답될까? 물론이다.

당신이 지금의 폭풍우를 헤쳐 나가게 될까? 당신도 이미 그 답을 알 것이다.

이러한 사실을 인정하지 않는 사람도 있을 것이다. 예수님이 기도하고 계셨다면 왜 폭풍우가 생겼냐고, 중보하시는 예수님이 왜 폭풍우 없는 삶을 보장해 주지 않냐고 말이다. 이에 대한 내 대답은 "당연하다!"이다. 폭풍우 없는 삶은 영원한 나라에서 시작될 것이다. 지금과 그때 사이의 이 세상은 타락했고, 사탄이 여전히 의심과 두려움을 섞어 넣고 있기 때문에 우리는 폭풍우가 있을 것을 확신할 수 있다. 동시에 그 한복판에서 그리스도의 임재와 기도 역시 확신할 수 있다.

내 친구 크리스는 아홉 살 때 폭풍우를 경험했다. 그는 단핵증을 진단받았다. 의사는 여름 내내 실내에 머물라고 주문했다. 크리스는 운동과 바깥 활동을 좋아하는 개구쟁이였다. 여름을 실내에서 보내라는 말은 어린이 야구도, 낚시 여행도, 자전거 타기도 안 된다는 것이었다. 그에게는 마치 독수리를 새장에 가두는 것과 같았을 것이다.

그것은 아홉 살의 폭풍우였다. 하지만 크리스의 아버지는 믿음의 사람이었다. 격리된 중에도 좋은 것을 발견하기로 결심했다. 그는 자기 약국에서 기타를 팔았고, 자신이 꽤 괜찮은 기타연주가이기도 했다.

그래서 그는 크리스에게 기타를 주었다. 매일 아침 아들에게 새로운 코드와 테크닉을 가르치며 하루 종일 그걸 연습하라고 했다. 크리스는 그렇게 했다. 그렇게 매일매일 기타를 연주하는 요령을 터득했다. 여름이 끝날 무렵 크리스는 윌리 넬슨(20세기 말 가장 인기 있던 미국 컨트리 음악 가수이자 기타리스트-역주)의 곡을 연주할 수 있었고 자신의 곡도 직접 만들기 시작했다.

몇 년 안 되어 크리스는 교회에서 찬양을 인도하게 되었다. 몇 십 년이 흐른 뒤 그는 "세계에서 가장 많이 불리는 작곡가"로 평가받았다.[2] 어쩌면 당신도 그의 노래인 '위대하신 주'(How Great Is Our God), '주님은 거룩하시다'(Holy Is the Lord), '예수 메시아'(Jesus Messiah) 등을 들어보았을 것이다.

나는 예수님께서 아홉 살의 크리스 톰린(Chris Tomlin)을 위해 기도하셨다고 생각할 수밖에 없다.

사탄이 우리를 낙심하게 만들려는 시도는 결국 우리를 빚으시겠다는 하나님의 결의에 희생되고 만다. 사탄이 악을 도모해도 예수님은 선하게 사용하실 것이다. 우리를 무너뜨리려는 사탄의 노력은 결국 우리의 믿음을 성장시킬 것이다. 예수님은 말씀하신다. "세상에서는 너희가 환난을 당하나 담대하라. 내가 세상을 이기었노라"(요 16:33).

이 중보기도가 가져올 결과를 상상할 수 있는가? 타일러 설리번(Tyler Sullivan)은 상상할 수 있다. 그는 열한 살 때 초등학교 수업을 빼먹었다. 친구들과 어슬렁거리거나 TV를 보기 위해서가 아니라 미국의 대통령을 만나기 위해서였다. 버락 오바마가 타일러의 고향인 미네소타의 골든 밸리를 방문하고 있었다. 어느 행사에서 타일러의 아버지가 대통령을 소개했다. 연설이 끝나고 타일러가 대통령을 만났을 때, 오바마는 타일러가 학교 수업을 빼먹었다는 걸 알아챘다. 오바마는 보좌관에게 타일러에게 대통령의 이름이 인쇄된 카드를 주라고 했다. 그런 다음 타일러 선생님의 이름을 묻고 사유서를 썼다. "타일러를 용서해 주시기 바랍니다. 타일러는 저와 함께 있었습니다. 대통령 버락 오바마." [3]

그 사유서를 읽은 선생님은 대통령의 요구를 들어 주었을 거라 생각한다. 대통령이 한 어린아이 편에서 변호해 주는 건 매일 있는 일이 아니니까 말이다.

하지만 예수님은 매일 당신 편에서 변호해 주신다. "그가 항상 살아 계셔서 그들을 위하여 간구하심이라"(히 7:25). 예수님은 약속의 사람들을 위해 기도하신다. 당신의 폭풍우 한복판에서 당신을 위해 기도하신다. 그 폭풍우를 뚫고 당신에게 오신다. "밤 사경에 예수께서 바다 위로 걸어서 제자들에게 오시니, 제자들이 그가 바다 위로 걸어오심을 보고 놀라 유령이라 하며 무서워하여 소리 지르거늘"(마 14:25-26).

예수님은 그분이 직접 하신 기도의 응답이 되셨다. 바닷물이 길이 되게 하셨다. 모세를 위해 홍해를 두 개의 벽으로 바꾸시고, 엘리사를 위해 쇠도끼를 물 위에 뜨게 만드셨던 그분이 갈릴리 바닷물 위를 평평한 길이 되게 하시고, 폭풍우 속에 있는 제자들에게 걸어오셨다. 제자들은 무서워 깜짝 놀랐다. 돌풍 속에서 예수님을 보게 될 줄은 예상치 못했다.

니카 메이플스(Nika Maples)도 마찬가지였다. 그녀는 자기가 철저히 혼자라고 생각했다. 낭창(결핵성 피부병의 하나-역주)이 그녀의 몸을 피폐하게 만들고, 발음을 불분명하게 하고, 시력도 흐릿하게 만들었다. 그녀는 걸을 수도, 앉을 수도, 움직일 수도 없었다. 음식도 아주 작은 조각만 먹을 수 있었다. 헐떡이며 숨을 쉬었고, 잠자는 것도 무척 힘들었다. 의사들은 당황했고, 니카의 가족들은 겁에 질렸다. 그녀는 고작 스무 살이었는데, 그녀의 몸은 죽음을 향해 걸어가고 있었다.

그녀가 텍사스 포트워스에 있는 ICU(집중치료실-역주) 병원으로 갔을 때, 의사들은 그녀가 얼마나 더 살 수 있을까 염려하며 두려워했다. 유난히 힘들었던 어느 날 밤, 그녀는 전혀 잠을 잘 수 없었다. 누군가가 손을 잡아 주면 좀 더 편하게 쉴 수 있었지만 그녀는 말을 할 수 없었기 때문에 도움을 요청할 방도가 없었다. 병실 안에 있는 어머니는 이미 잠들어 있었다. 니카는 기도하기 시작했다. "하나님, 저에겐 주님이 필요합니다. 오늘 밤 저는 잠을 잘 수 없습니다. … 누군가를 보내 주셔서 제 손을 잡아 주세요. 제게 필요한 것을 저는 아무에게도 말할 수 없습니다. 아무에게도 부탁할 수가 없어요. 엄마와 간호사, 그 누구라도 제 손을 잡아 달라고 하나님이 말해 주세요."

그렇게 몇 분이 흘렀다. 자동으로 움직이는 매트리스가 그녀를 옆으로 뉘었다가 등으로 뉘었다. 바로 그때 누군가가 병실로 들어왔다.

"그의 체취는 익숙하지 않았다. 하지만 분명 부드러운 남자의 탄력이었다. 그의 발걸음은 아무 소음도 내지 않았다. 어머니는 미동조차 없었다. … (그가) 나의 오른손을 따뜻하게 잡아 주었다. 눈을 뜨려고 애썼지만 내 마음처럼 되지 않았다."

니카는 곧 잠이 들었다. 그녀가 깨어났을 때, 여전히 그의 손이 그녀의 손을 잡고 있었다. 니카의 어머니는 병실 저편에 잠들어 있었다. 니카는 그녀의 새 친구를 보기 위해 다시 한 번 눈을 뜨려 애썼다. 이번에는 성공했다. 흐릿한 시야를 통해 그녀는 아무것도 볼 수 없었다. 그곳에는 아무도 없었다! 그 순간 손에 느껴지던 압력이 사라졌다. 그녀는 그리스도께서 자기와 함께 계셨음을 확신했다.[4]

예수님은 제자들을 위해 하셨던 일을 니카를 위해서도 하셨다. 그분은 폭풍우 속에 있는 그녀를 위해 오셨다. 제자들은 그분을 유령이라 불렀지만, 그래도 예수님은 오셨다. 베드로의 믿음이 두려움이 되었지만, 그래도 예수님은 물 위를 걸으셨다. 바람이 휘몰아치고 맹렬한 기세를 떨쳤지만, 예수님은 자신의 임무에서 벗어나지 않으셨다. 중요한 메시지(예수님께서 폭풍우를 다스리신다)가 드러날 때까지 그 과정에 매진하셨다. 제자들은 처음으로 그분을 경배했다. "진실로 하나님의 아들이로소이다"(마 14:33).

잠잠해진 배를 제단으로 삼고, 두근거리는 가슴을 기도문 삼아 그들은 예수님을 경배했다.

당신과 나도 그러기를 기도한다.

소망의 약속 되새기기

1. 어떤 약속이 흔들리지 않는 소망을 낳는가?

2. 그리스도께서 당신을 위해 기도하신다는 것을 알게 되었을 때 어떤 느낌을 받았는가?

3. 로마서 8장 34절은 "죽으실 뿐 아니라 다시 살아나신 이는 그리스도 예수시니 그는 하나님 우편에 계신 자요 우리를 위하여 간구하시는 자시니라"고 기록되었다.

   - 저자는 "간구하다"로 번역된 헬라어에 대해 말한다. 그 단어는 무슨 뜻을 지니는가?
   - 예수님이 우리를 위하여 간구하신다는 것이 무슨 뜻인가?
   - 이 단어는 성경에 여러 번 사용된다. 히브리서 7장 24-25절과 로마서 8장 26-27절을 찾아보라. 예수님과 성령님이 **누구를 위해, 어떻게, 왜** 간구하신다고 기록했는가?

4. 다른 사람을 위해 기도한 적이 있는가? 있다면 그때 당신은 중보기도를 한 것이다. 우리가 얼마나 열정적으로 다른 사람을 위해 기도하는지 생각해 보자. 그것이 그리스도께서 당신을 위해 중보하신다는 말을 이해하는 데 어떤 도움이 되는가?

5. 마태복음 14장 22-32절을 읽으라.

   - 제자들이 갈릴리 바다에 있을 때 무슨 일이 일어났는가?
   - 그때 예수님은 어디에 계셨는가? 그곳에서 무엇을 하셨는가?

6. 당신이 과거에 속했거나 지금 속해 있는 '폭풍우'를 생각해 보라. 컴컴한 물과 위협적인 바람이 몰아치는 어려운 시기 말이다. 그때 예수님께서 아버지와 함께 당신을 위해 중보하고 계셨음을 믿었는가? 만약 믿었다면 그것이 당신이 그 폭풍우를 다루는 데 어떤 영향을 미쳤는가? 만약 믿지 않았다면 당신이 그 시기를 통과했던 방식을 그것이 어떻게 변화시켰을 것 같은가?

7. 저자는 일반적인 주장을 가져온다. "예수님이 기도하고 계셨다면 왜 폭풍우가 생겼는가?" 이것에 대해 저자는 무엇이라고 답하는가? 당신은 그러한 저자의 대답을 어떻게 생각하는가?

8. 요한복음 16장 33절에서 예수님은 "세상에서는 너희가 환난을 당하나 담대하라. 내가 세상을 이기었노라"고 말씀하셨다.

- 이 구절에서 예수님은 두 가지 약속을 하신다. 그것이 무엇인가?
- 이 구절이 우리가 인생에서 왜 폭풍우를 겪는지 이해하는 데 어떤 도움을 주는가?
- 요한복음 16장 32절을 읽으라. 이 구절에서 예수님이 언급하신 폭풍우는 무엇인가?
- 예수님도 폭풍우를 맞닥뜨리셨다는 사실에서 무엇을 느끼는가?
- 예수님께서도 폭풍우를 겪으셨다는 사실이 당신 삶의 폭풍우를 바라보는 데 어떤 영향을 미치는가?

9. 마태복음 14장 22절로 돌아가자.

- 제자들에게 배를 타고 갈릴리 바다를 건너가라고 말한 사람은 누구인가?
- 이것이 당신의 이야기를 어떻게 바꾸는가? 그 여정이 예수님의 아이디어였다는 것이 그 폭풍우와 폭풍우 한복판에 예수님께서 등장하신 것을 달리 보게 하는가?
- 이것이 당신이 폭풍우를 바라보는 방식을 바꾸는가? 이것이 당신에게 어떻게 소망을 주는가?

10. 이번 장에는 성공적인 크리스천 음악가인 크리스 톰린의 이야기, 그가 폭풍우를 겪을 때 예수님께서 어떻게 그의 편에서 중보하셨는지가 나온다. 폭풍우가 당신의 삶에서 선한 것을 낳은 적이 있는가? 예수님께서 그 가운데에서 역할을 하셨다고 생각하는가? 만약 그렇다면 어떻게 하셨는가?

11. 성경에 의하면 제자들이 예수님께서 폭풍우 속 물 위를 걸으신 것을 보고 어떻게 했는가?(마 14:33 참고) 그 순간에 왜 경배하려는 마음이 들었다고 생각하는가?

12. 우리는 약속의 사람으로서 예수님이 우리를 위해 중보하고 계심을 확신할 수 있다. 이 진리를 믿으며 경배의 시간을 가지라.

하나님의 약속

그러므로 이제 그리스도 예수 안에 있는 자에게는
결코 정죄함이 없나니

로마서 8:1

9
Unshakable Hope

그리스도 예수 안에
있는 자에게는
결코 정죄함이 없다

뉴욕시.

스카이라인을 보고 싶다면 브루클린 다리로 가라.

엔터테인먼트를 원한다면 브로드웨이로 가라.

영감을 얻고 싶다면 자유의 여신상을 관광하라.

쇼핑을 하고 싶다면 당신의 신용카드를 기다리는 5번가의 상점으로 가라.

하지만 우울해지고 싶고, 처절하게 압도당하고 싶고, 완전히 넋이 나가고 싶다면 택시를 타고 아메리카 애비뉴와 웨스트 44번가가 만나는 모퉁이로 가서 미국의 국가 부채 시계(the US National Debt Clock) 앞에서 몇 분을 보내라.

그 표지판은 7.6미터 너비, 0.7톤의 무게로, 306개의 전구를 사용해서 미국 부채와 각 가정의 할당액을 지속적으로, 무자비하게, 끊임없이 공표한다.

애초에 시계가 거꾸로 가도록 설계되지도 않았지만 그러한 성능은 전혀 필요하지 않다. 오히려 천 조 달러를 표시할 수 있는 업그레이드 모델을 설치하려는 계획이 논의되어 왔다.[1] 이 표지판에 표시된 부채를 해일로 비유한다면 그 저류(파도가 부서지면서 생긴 물이 바다 쪽으로 되돌아가면서 형성되는 빠른 속도의 흐름-역주)가 우리를 바다로 빨아들일 것이다.

나는 경제학자가 아니라 목사다. 하지만 돈을 겪으면서 다음과 같은 가르침을 얻었다. 당신이 감당할 수 있는 수준 이상의 빚을 질 때는 고난을 예상하라.

다시 말하지만 나는 경제학자가 아니라 목사다. 그러나 어쩌면 이것이 부채 시계를 묵상하면서 떠올랐던 나의 특이한 질문을 설명해 줄지 모른다.

천국에도 이런 게 있다면? 국가 재정의 부채가 아니라 영적인 부채를 측정하는 표지판이 있다면?

성경은 종종 죄를 재정 용어로 언급한다. 예수님은 기도를 가르치시며 "우리 죄(부채-역주)를 사하여 주시옵고"(마 6:12)라고 하셨다.

만약 죄가 부채라면, 당신과 나는 수많은 죄를 세어 주는 기계를 갖게 될까? 그리고 그 기계는 우리가 무언가를 위반할 때마다 '딸깍' 하는 소리를 낼까?

거짓말한다. "딸깍."

험담한다. "딸깍."

생억지를 쓴다. "딸깍."

루케이도 책을 읽으며 존다. "딸깍, 딸깍, 딸깍."

당신을 우울하게 만드는 것에 대해 말해 보라. 재정적인 부채가 문제일 수 있다. 그렇다면 영적인 부채는 어떠한가? '죄'라는 부채는 심각한 결과를 갖는다. 죄는 우리와 하나님을 분리시킨다.

> 오직 너희 죄악이 너희와 너희 하나님 사이를 갈라놓았고 너희 죄가 그의 얼굴을 가리어서 너희에게서 듣지 않으시게 함이니라(사 59:2).

천국의 대수학은 다음과 같다. '천국은 완벽한 사람들을 위한 완벽한 장소다. 그 사실이 우리를 완벽한 쓰레기더미에 남겨 놓는다.'

천국의 부채 시계에 의하면 우리는 갚을 수 있는 수준 이상을 빚을 졌다. 하루하루 더 많은 죄를 짓고, 더 많은 빚을 남기며 "이 사망의 몸에서 누가 나를 건져내랴"(롬 7:24)와 같은 질문을 자주 하게 된다.

어떤 사람들은 자신의 도덕적인 빚을 깨닫고 미친 듯이 선행에 몰두한다. 그렇게 인생은 잘하고, 더 나아지고, 더 많이 성취하려는 끝없는 탐구가 된다. 경건을 추구하는 것도 마찬가지다. 교회에 출석하고, 아픈 사람을 돌보고, 선교를 떠나고, 금식한다. 하지만 내면 깊숙

한 곳에는 격렬한 두려움이 있다. '이렇게 했는데도 아직 충분하지 않다면 어떡하지?'

또 다른 사람들은 무언가를 행하는 대신 불신앙으로 반응한다. 그들은 손을 치켜들고 몹시 화를 내며 걸어간다. '어떤 신도 그토록 많이 요구하지는 않을 거야. 그는 기뻐할 줄을 몰라. 만족할 줄도 몰라. 존재하지 않는 게 틀림없어. 존재한다 해도 알 가치가 없어!'.

두 가지 모두 극단이다. 율법주의자와 무신론자. 행하는 자는 필사적으로 하나님께 잘 보이려 한다. 믿지 않는 자는 하나님이 없다고 확신한다.

당신도 둘 중 하나와 관련이 있는가? 당신은 율법주의에서 비롯된 피로를 아는가? 무신론에서 비롯된 고독을 아는가?

우리는 어찌해야 할까? 절망과 불신이 유일한 선택일까?

사도 바울만큼 그 질문에 답하고 싶어 한 사람이 없었다. 그는 "이제 그리스도 예수 안에 있는 자에게는 결코 정죄함이 없나니"(롬 8:1)라고 말했다.

어떻게 그는 이와 같이 말할 수 있었을까? 우리가 진 빚을 보지 못한 걸까? 그도 분명 자기가 진 빚을 보았을 것이다. 성경에 기록된 바울은 자칭 바리새인 중의 바리새인이요 가장 종교적인 사람이었다. 그러나 양심의 거리낌이나 율법 준수는 그를 더 나은 사람으로 만들어 주지 않았다. 그는 살기등등하고 분노에 찬, 그리스도인을 궤멸하기로 작정한 사람이었다.

하지만 그의 태도는 다메섹 도상에서 변화되기 시작했다. 그때 예수님은 사막에서 그에게 나타나셨고, 그를 높은 말 위에서 떨어뜨리셨고, 삼 일 동안 시력을 잃게 하셨다.

바울은 한 방향만 볼 수 있었다. 바로 내면이었다. 그가 본 것을 자기 자신도 좋아하지 않았다. 그는 어느 속 좁은 폭군을 보았다. 눈이 멀어 있을 때 하나님은 그에게 아나니아라는 이름의 남자가 시력을 회복시켜 줄 거라는 환상을 보여 주셨다. 아나니아가 그렇게 해 주었을 때 바울은 "일어나 세례를 받"았다(행 9:18).

며칠 후 그는 그리스도에 대해 설교했다. 몇 년 후에는 첫 번째 선교 여행을 떠났다. 몇 십 년 후에는 오늘날까지도 읽히는 편지들, 즉 그리스도와 십자가를 변론하는 편지들을 쓰게 되었다.

우리는 바울이 언제 은혜의 의미를 깨닫게 되었는지에 대해 듣지 못했다.

다메섹 도상에서 그랬을까?

삼 일간의 어둠 동안 점진적으로 깨달았을까?

아니면 아나니아가 시력을 회복시켜 준 후였을까?

우리는 모른다. 하지만 바울이 은혜를 얻었다는 사실은 안다. 어쩌면 은혜가 바울을 얻은 것일지도 모른다. 어쨌거나 바울은 사실 같지 않은 제안을 받아들였다. 하나님께서 예수 그리스도를 통해 우리와 그분과의 관계를 바로잡으신다는 제안 말이다. 바울의 논리는 단순한 개요를 따랐다.

우리의 부채는 우리를 침몰시키기에 충분하다.

하나님은 우리를 너무나 사랑하셔서 우리를 버리지 못하신다.

그래서 하나님은 우리를 구원하실 방법을 찾아내셨다.

바울은 우리의 문제를 설명하는 것으로 그리스도를 위한 변론을 시작했다. "모든 사람이 죄를 범하였으매 하나님의 영광에 이르지 못하더니"(롬 3:23).

우리는 하나님이 세우신 기준에 도달한 적이 없다. 우리는 하나님의 성품을 품기 위해 창조되었다. 그분이 말씀하시고, 행하시는 대로 말하고, 행하라고 의도되었다. 그분이 사랑하시는 대로 사랑하라고 의도되었다. 그분이 가치를 두시는 데 가치를 두라고 의도되었다. 그분이 존중하시는 대로 존중하라고 의도되었다. 그것은 하나님께서 세우신 영광스런 기준이다. 우리는 그것을 충족시키는 데 실패했다. 하지만 예수님은 이루셨다. 그리스도는 "죄를 알지도 못하신"(고후 5:21) 분이다.

얼마나 놀라운 진술인가!

예수님은 왼쪽으로 돌아야 할 때 오른쪽으로 도신 적이 단 한 번도 없다. 말씀하셔야 할 때 침묵하거나 침묵하셔야 할 때 말씀하신 적이 없다. 그분은 "모든 일에 우리와 똑같이 시험을 받으신 이로되 죄는 없으시"다(히 4:15). 그분은 일주일 내내, 하루 24시간 하나님의 형상이셨다.

기준에 관해 말하자면 그분이 기준이다. 죄가 없다는 것은 예수님과 같다는 것이다.

누가 그럴 수 있겠는가? 물론 우리도 일시적으로 선할 때가 있고, 친절한 행동을 할 때가 있다. 그러나 우리 중 누가 하루 종일 하나님의 형상을 반영하는가? 바울은 아무도 발견할 수 없었다. "기록된 바 의인은 없나니 하나도 없으며 깨닫는 자도 없고 하나님을 찾는 자도 없고"(롬 3:10-11).

사람들은 종종 이 구절에 발끈한다. 이 구절이 주는 혐의에 반발한다. 의인이 하나도 없다고? 하나님을 찾는 자가 없다고? 그러면서 자신의 의로움을 보여 줄 이력서를 만든다. 세금을 낸다. 가족을 사랑한다. 중독을 피한다. 가난한 자에게 베푼다. 압제받는 자를 위해 정의를 추구한다. 그렇지 않은 세상 사람들에 비해 그들은 분명 좋은 사람들이다.

하지만 여기에 문제가 있다. 우리의 기준은 세상이 아니다. 우리의 기준은 그리스도다. 그리스도에 비해 우리는… 부채 시계가 딸깍거리는 소리가 들리는가?

얼마 전 나는 수영 강습을 시작했다. 스피도 브랜드는 아니지만 수경을 사서 수영장에 갔다. 한 번 해 보자!

몇 주 동안 나는 올챙이에서 작은 개구리로 점차 실력이 늘었다. 쳐다볼 만한 실력은 못 되지만 어쨌거나 레인을 따라 왔다 갔다 할 수 있다. 사실 나는 내 실력이 느는 것을 꽤 기분 좋게 느끼기 시작했다.

아니, 사실은 아주 기분이 좋았다. 그래서 조시 데이비스(Josh Davis)가 함께 수영을 하자고 했을 때 나는 그 제안을 받아들였다.

애틀랜타 올림픽 3관왕인 조시 데이비스를 아는가? 그의 허리 사이즈는 내 허벅지 사이즈다. 그가 하는 준비운동의 절반이 내 운동량의 전부다. 그가 수영장 레인에서 편안함을 느끼는 정도는 우리가 구내식당에서 편안함을 느끼는 것과 맞먹는다.

그래서 그가 나에게 조언을 해 주겠다고 제안했을 때 나는 얼른 물속으로 뛰어들었다(참고로 그곳은 '조시 데이비스 수영장'이라는 이름의 수영장이다). 어쨌거나 나는 자랑스러운 두 달의 수영 경력이 있으니까. 노인 올림픽이라고? 그건 모를 일이지!

잠시 후 조시는 그의 레인에, 나는 나의 레인에 들어갔다. 그런 다음 그는 나에게 다음과 같이 제안했다. "두 바퀴를 돌면서 목사님의 속도를 볼게요."

드디어 출발! 나는 최선을 다했다. 그리고 결승선에 도달한 뒤 그가 불과 몇 초 전에 벽을 터치했다는 걸 알고 깜짝 놀랐다. 나는 내가 매우 잘했다고 느꼈다. 사진작가나 열혈 팬들이 수영장에 모여들지 않을까 생각될 정도였다.

"여기 오래 있었어요?" 내가 숨을 헐떡이며 물었다.

"몇 초 동안요."

"내가 당신을 뒤따라와서 불과 몇 초 후에 결승선에 닿았다는 말이에요?"

"맞아요."

우와! 노인 올림픽은 잊어라. 나는 곧 세계기록 보유자가 될지도 모른다. 그때 조시가 덧붙였다. "한 가지 차이가 있어요. 목사님이 두 바퀴 도시는 동안 저는 여섯 바퀴를 돌았거든요."

조시는 기준을 높였다. 그리고 최고 수준의 수영을 보여 주었다.

예수님께서 인류를 위해 하신 게 무엇인지를 그는 수영장에서 몇 분 만에 보여 주었다.

예수님은 경건한 삶이 어떤 것인지 증명해 보이셨다.

그러면 우리는 무엇을 해야 할까?

그분은 거룩하시다. 우리는 아니다. 그분은 완전하시다. 우리는 아니다. 그분의 성품은 흠이 없으시다. 우리는 흠이 있다. 크게 벌어진 협곡이 우리를 하나님으로부터 분리시킨다.

하나님께서 그것을 눈감아 주시길 바라야 할까? 물론 그분은 그래 주실 것이다. 한 가지만 제외하고 말이다. 그분은 공의의 하나님이시다. 그분이 죄를 벌하지 않으신다면 공의로울 수 없다. 그분이 공의롭지 않으시다면 공의로운 천국에 대해 우리가 무엇을 소망할 수 있겠는가? 다음 생은 죄인들에 의해 정복될 것이다. 그들은 허점을 발견하고 제도를 피해 간 이들이다. 그러나 하나님께서 우리 죄에 대해 벌하신다면 우리는 잃어버린 바 된다.

그러면 해결책이 무엇인가? 그것을 설명하기 위해 우리는 다시 바울에게 돌아간다.

성경이 무엇을 말하느냐? "아브라함이 하나님을 믿으매 그것이 그에게 의로 여겨진(credit) 바 되었느니라." 일하는 자에게는 그 삯이 은혜로 여겨지지 아니하고 보수로 여겨지거니와(credit), 일을 아니할지라도 경건하지 아니한 자를 의롭다 하시는 이를 믿는 자에게는 그의 믿음을 의로 여기시나니(credit, 롬 4:3-5).

무언가를 신용한다(credit)는 것은 그 값을 낸다는 것이다.

나에게는 신용카드가 있다. 사용한 카드 값을 지불하기 위해 수표를 쓰면 카드빚은 사라지고 나는 대변-차변의 균형을 회복하게 된다. 그러면 내게는 빚이 없어진다. 미지불금도, 채무도, 그 어떤 것도 남지 않는다.

바울에 의하면, 하나님은 우리의 영적인 빚을 동일하게 처리하셨다. 바울은 은혜의 수혜자로 아브라함의 예를 제시한다.

알다시피 아브라함은 BC 2000년에서 왔다! 아브라함에게는 신용카드 빚이 없었지만 영적인 빚은 있었다. 그는 죄를 지었다. 나는 그가 선한 사람이었다고 확신하지만 빚 없는 삶을 살 만큼 충분히 선하지는 않았다. 아마도 그의 부채 시계는 수없이 많이 딸깍거렸을 것이다.

낙타를 욕할 때마다 "딸깍."

하녀와 시시덕거릴 때마다 "딸깍."

대체 하나님이 자기를 어디로 인도하고 계신 거냐고, 자기가 대체 어디로 향하고 있는지 하나님이 정말 아시는 거냐고 의심할 때마다 "딸깍, 딸깍."

아브라함이 행한 그 모든 나쁜 일에도 불구하고 그가 선택한 선한 일이 하나 있다. 그는 믿었다. 하나님을 믿었다. 그가 믿었기 때문에 그의 부채 시계에 말할 수 없이 놀랍고 위대한 일이 일어났다. 그의 부채가 '0'이 된 것이다!

"아브라함이 하나님을 믿으매 그것이 그에게 의로 여겨진 바 되었느니라"(롬 4:3). 하나님께서 아브라함에게 주신 약속은 이신칭의(以信稱義)였다. 하나님께서 당신과 나에게 주신 약속도 이신칭의다. 오직 믿음이다.

하나님은 세상의 제단 위에 예수님을 희생 제물로 삼으셔서 세상으로 하여금 죄를 면하게 해 주셨습니다. 그분께 믿음을 둘 때 우리는 죄를 면하게 됩니다. 하나님은 이 일, 곧 예수의 희생을 통해 세상으로 하여금 그분 앞에서 죄를 면하게 해 주신 이 일을 만천하에 드러내셨습니다. 하나님은 그동안 오래 참으신 죄들을 마침내 이렇게 처리해 주신 것입니다. 이는 분명히 드러난 일일 뿐 아니라, 또한 지금 일어나고 있는 일입니다. 이것은 현재 진행 중인 역사입니다! 하나님은 모든 것을 바로 세워 주고 계십니다. 또한 우리로 하여금 바로 세워 주시는 그분의 의로우심 안에서 살 수 있게 해 주십니다(롬 3:25-26, 메시지성경).

하나님은 결코 그분의 기준과 타협하지 않으셨다. 공의의 모든 요구를 충족시키셨다.

동시에 사랑의 갈망도 만족시키셨다. 우리의 죄를 눈감아 주시기엔 너무나 공의로우시고, 우리를 버리시기엔 너무나 사랑이 많으셔서, 우리의 죄를 그 아들에게 전가하시고 거기에서 죄를 벌하셨다. "하나님께서는 잘못한 일이 없는 그리스도께 죄를 씌우셔서, 우리로 하여금 하나님과 바른 관계를 맺게 하셨습니다"(고후 5:21, 메시지성경).

이제야 우리는 십자가에서 외치신 그리스도의 울부짖음을 이해한다. "나의 하나님, 나의 하나님, 어찌하여 나를 버리셨나이까!"(마 27:46) 예수님은 공의롭고 거룩하신 하나님의 진노를 겪으셨다. 파도 넘어 파도, 짐 넘어 짐, 시간 넘어 시간이다.

예수님은 어릴 적부터 아셨던 시편으로 부르짖으셨다. "어찌하여 나를 버리셨나이까!" 그렇게 하나님 아버지와의 분리를 겪으시고 더 이상 지실 게 없을 때 비로소 "다 이루었다"(요 19:30)고 하셨다. 마침내 그분의 사명이 완수된 것이다.

예수께서 죽으시는 순간에 믿을 수 없는 기적이 일어났다. "예수께서 큰 소리를 지르시고 숨지시니라. 이에 성소 휘장이 위로부터 아래까지 찢어져 둘이 되니라"(막 15:37-38).

헨리 블랙커비와 리처드 블랙커비에 의하면 "휘장은 성전의 지성소와 사람을 분리시켰다. 수 세기 동안 그 역할을 해 왔다. 전통적으로 휘장(두께가 약 10센티미터)은 일흔두 개의 땋은 줄로 엮어서 만들고, 각각의 줄은 스물네 개의 실로 이루어져 있었다. 휘장 전체의 크기는 세로 18미터, 가로 9미터였다."[2]

휘장은 작고 섬세한 커튼이 아니었다. 직물로 만든 벽과 같았다. 위에서부터 아래까지 찢어졌다는 사실은 그 일 뒤에 있는 손이 하나님이라는 사실을 드러낸다. 하나님께서 휘장을 잡고 둘로 찢으셨다.

이제 그만!

분열은 이제 그만. 분리도 이제 그만. 제사도 이제 그만. "그리스도 예수 안에 있는 자에게는 결코 정죄함이 없나니"(롬 8:1).

> (예수님이) 친히 나무에 달려 그 몸으로 우리 죄를 담당하셨으니 이는 우리로 죄에 대하여 죽고 의에 대하여 살게 하려 하심이라. 그가 채찍에 맞음으로 너희는 나음을 얻었나니(벧전 2:24).

하늘의 구속 사역이 끝났다. 그리스도의 죽음이 새 생명을 가져왔다. 우리를 하나님으로부터 분리시켜 온 장벽이 무엇이든(혹은 앞으로 분리시킬 장벽이 무엇이든), 그것이 사라졌다.

기준에 미치지 못한다는 두려움이 사라졌다! 늘 초조하게 옳은 행위를 좇던 것도 사라졌다. 끈질기게 따라다니던 질문들(내 행위가 충분할까? 내가 충분히 선할까? 언젠가는 달성할 수 있을까?)도 사라졌다.

율법주의자는 안식을 발견한다. 무신론자는 소망을 발견한다. 아브라함의 하나님은 짐을 지우는 하나님이 아니라 안식의 하나님이다.

그분은 우리가 육으로 이루어진 것을 아신다. 우리가 완벽에 이를 수 없음을 아신다. 성경의 하나님은 다음과 같이 말씀하신 분이다.

> 수고하고 무거운 짐 진 자들아 다 내게로 오라. 내가 너희를 쉬게 하리라. 나는 마음이 온유하고 겸손하니 나의 멍에를 메고 내게 배우라. 그리하면 너희 마음이 쉼을 얻으리니, 이는 내 멍에는 쉽고 내 짐은 가벼움이라 하시니라(마 11:28-30).

자녀 때문에 분노를 다스리지 못할 때 그리스도께서 당신을 위해 중보하신다. "내가 그 값을 지불했단다." 당신의 거짓말로 온 하늘이 신음할 때 구주께서 말씀하신다. "내 죽음이 그 죄를 덮었단다." 당신이 누군가의 누드 사진에 욕정을 느낄 때, 누군가의 고통을 고소해할 때, 누군가의 성공을 탐낼 때, 혹은 누군가의 실수를 욕할 때, 예수님은 하늘 재판소 앞에 서서 핏자국이 있는 십자가를 가리키신다. "내가 이미 예비해 두었단다. 그 빚도 내가 갚았단다. 내가 세상의 죄들을 없앴단다."

한 신학자는 다음과 같은 방식으로 은혜를 묘사했다.

> 한편에는 하나님께서 창조주이자 주님으로 영광 중에 계시다. … 그리고 다른 편에는 피조물일 뿐 아니라 죄인이기까지 한 인간, 즉 육으로 존재하는 자요 육으로 하나님을 대적하는 자인 인간이 있다. 그곳은 단순한 경계

선이 아니라 입을 벌린 깊은 구렁텅이다. 그럼에도 이 구렁텅이가 건너졌다. 인간에 의해서가 아니다. 하나님과 인간에 의해서도 아니다. 오직 하나님에 의해서다. … 인간은 어떻게 이 일이 자기에게 일어났는지조차 알지 못한다.[3]

구원은 처음부터 끝까지 우리 하나님 아버지의 사역이다.

하나님은 산 위에 서서 우리에게 올라와 그분을 찾으라고 말씀하지 않으신다. 우리의 어두운 골짜기로 내려오셔서 우리를 찾으신다. 하나님은 우리가 천 원을 갚으면 그것을 뺀 나머지 빚을 갚아 주겠다고 제안하지 않으신다. 그분이 일 원까지 모두 지불하신다. 하나님은 우리가 일을 시작해야만 그 일을 끝맺어 주겠다고 제안하지 않으신다. 그분이 처음부터 끝까지 전부 다 하신다. 하나님은 우리와 흥정하지 않으신다. 우리가 삶을 정리하면 그제야 도와주겠다고 말씀하지 않으신다. 그분은 우리의 도움 없이 우리의 죄를 씻기신다.

며칠 전에 어느 나이 많은 여성도가 구원의 확신에 대해 질문을 받았다. 질문을 한 냉소가는 주님께 자기 삶을 헌신한 그녀에게 다음과 같이 물었다. "당신은 어떻게 확신할 수 있죠? 오랜 세월이 지난 후에 하나님께서 당신을 지옥에 보내지 않으신다는 걸 어떻게 아나요?"

"그분은 내가 잃을 것보다 더 많이 잃으실 겁니다." 그녀가 대답했다. "내가 잃을 것이라곤 고작 내 영혼뿐이지요. 하지만 그분은 그분의 선한 이름을 잃으실 거예요."

하나님께서 당신에게 어떤 선물을 주셨는가?

당신은 인류 역사상 가장 위대한 복권에 당첨되었다. 심지어 그 복권 값을 지불하지도 않았는데 말이다!

당신의 영혼은 안전하다. 당신은 구원을 보장받는다. 당신의 이름이 가장 중요하고 유일한 책에 기록되었다. 당신이 눈물도 없고, 무덤도 없고, 고통도 없는 곳에 가기까지 모래시계의 알갱이가 아주 조금 남았을 뿐이다.

다음은 하나님의 메시지, 곧 은혜의 약속이다. 바울이 지치지 않는 열정으로 설교했던 선포다. "우리가 할 수 없는 일을 하나님께서 하셨다. 하나님께서 그분의 은혜로 우리를 의롭다 하셨다." 은혜는 전적으로 하나님께 속한다. 사랑하시는 하나님, 몸을 굽히시는 하나님, 주시는 하나님, 돌보시는 하나님, 그리고 우리를 옮기시는 하나님께 말이다.

이것이 하나님의 은혜다. 당신도 이 은혜를 가졌는가? 이 질문에 너무 성급히 답하고 넘어가지 말라. 많은 영혼 안에서 죄책감이 마치 독소처럼 부글거리고 있다. 죄책감이 당신의 영혼에 자리를 잡게 내버려 두지 말라. 페이지를 넘기기 전에 그리스도의 진홍색 보혈로 기록된 다음의 약속을 내면화하라. "이제 그리스도 예수 안에 있는 자에게는 결코 정죄함이 없나니"(롬 8:1).

결코 정죄함이 없다. '제한적 정죄함'도, '적당한 정죄함'도, '계산된 정죄함'도 아니다. 그런 건 사람이 사람에게 주는 것이다. 하나님께서 그분의 자녀에게 무엇을 주시는가? "결코 정죄함이 없다."

이 약속 위에 서라. 아니, 이 약속을 시계 속에 넣어라. 당신의 개인 부채 시계에 말이다. 당신이 빚지고 있는 어마어마한 빚, 결코 갚을 수 없는 빚을 볼 때마다 다음의 약속이 선포되게 하라. "이제 그리스도 예수 안에 있는 자에게는 결코 정죄함이 없나니."

소망의 약속 되새기기

1. 저자는 우리가 영적인 빚에 대응하는 두 가지 방식에 대해 이야기한다. 천국에 가는 길을 노력으로 얻으려는 율법주의자와 너무 많은 것을 요구하는 하나님을 믿을 수 없다며 패배감에 두 손 드는 무신론자다. 당신은 두 가지 극단 중 어느 쪽에 가까운가?

2. 사도 바울은 그의 서신에서 우리의 영적인 빚을 처리하는 방법에 대해 여러 번 설명했다. 그가 왜 이 주제를 말하기에 적합한가?(행 9:1-20 참고)

3. 바울은 로마서 3장 10-11절에서 시편 14편을 인용하며 다음과 같이 말한다. "기록된 바 의인은 없나니 하나도 없으며 깨닫는 자도 없고 하나님을 찾는 자도 없고."

   - 의로움의 궁극적 기준은 누구인가? (히 4:14-15 참고)
   - 죄 없는 삶이 기준이라는 것을 알게 된 후 어떤 느낌이 드는가?

4. 로마서 7장 22-25절을 읽으라. 하나님 율법의 종이 되는 동시에 죄된 본성의 종이 된다는 바울의 묘사에 공감하는가? 어째서 그런가?

5. 로마서 8장은 신약의 중심이다. 왜냐하면 그리스도 안에서 우리의 구원을 보장하고 있기 때문이다. 로마서 8장은 대담한 진술로 시작된다. "그러므로 이제 그리스도 예수 안에 있는 자에게는 결코 정죄함이 없나니"(1절).

   - 이 진술이 로마서 7장 22-25절에 묘사된 딜레마를 푸는 데 어떻게 도움이 되는가?
   - 이 진술문에는 절대적인 표현이 사용되었다. **결코 정죄함이 없다**. 적지 않은 정죄함이라거나 더 적은 정죄함이라 하지 않고 그리스도 예수 안에 있는 자들에게는 **결코 정죄함이 없다**고 했다. 당신의 삶은 당신이 정죄함으로부터 자유롭다는 믿음을 반영하는가? 아니면 정죄함의 무게를 지닌 채 살고 있는가?

6. 로마서 8장 2절은 왜 로마서 8장 1절이 가능한지 설명한다.

   - 로마서 8장 2절은 무엇을 말하는가?
   - 성령의 법은 무엇인가?
   - 죄와 사망의 법은 무엇인가?

7. 요한복음 19장 28-30절을 읽으라. 십자가에서 무슨 일이 일어났는가? 그 사건이 어떻게 율법으로부터의 자유와 정죄함으로부터의 자유에 관한 이 대화의 중심이 되는가?

8. 마가복음 15장 37-38절을 읽으라. 성전 휘장이 찢어진 것은 무엇을 상징하는가?

9. 마태복음 11장에서 예수님은 "수고하고 무거운 짐 진 자들아 다 내게로 오라. 내가 너희를 쉬게 하리라. 나는 마음이 온유하고 겸손하니 나의 멍에를 메고 내게 배우라. 그리하면 너희 마음이 쉼을 얻으리니, 이는 내 멍에는 쉽고 내 짐은 가벼움이라"(28-30절) 말씀하셨다. 이것은 대부분의 랍비들이 하던 약속이 아니었다. 당시에는 자신을 추종하는 무리를 둔 랍비가 많았다. 그러한 랍비의 제자들은 히브리 민족에게 주어진 모든 율법을 연구하고 배워야 했다.[4] 매우 과중한 업무였다.

- 그렇다면 예수님은 왜 자신의 짐이 가볍고 자신의 멍에도 쉽다고 말씀하시는가?
- 그리스도를 믿는 것이 어떻게 우리에게 쉼을 가져다주는가?
- 이것이 어떻게 지금 당장 당신에게 쉼을 가져다줄 수 있는가?

10. 약속의 사람인 우리의 삶에는 결코 정죄함이 없음을 확신할 수 있다. 당신은 이것을 확신하는가? 만약 아니라면, 무엇이 그것을 의심하게 만드는가?

하나님의 약속

사망을 삼키고 이기리라.
고린도전서 15:54

10
Unshakable Hope

이 땅의 무덤은
임시적이다

몇 년 전 병원에 가서 임종하는 한 남자를 만나 달라는 긴급 전화를 받았다. 나는 피터를 잘 몰랐지만, 그가 힘겨운 삶 때문에 큰 대가를 지불하고 있다는 건 알고 있었다. 수년간의 마약과 알코올 중독이 그의 몸을 관통했다. 그는 그리스도를 통해 하나님과 평화를 누렸지만, 그의 간은 육체와 싸우고 있었다.

그의 전처는 피터의 침대 곁에서 나에게 전화를 했다. 그녀의 설명에 따르면, 피터는 죽음의 문을 두드리고 있었다. 나는 급히 서둘렀다. 하지만 내가 도착하기 몇 분 전 그는 죽음의 문을 지나고 말았다.

병실 가득 '지금 막 그렇게 됐다'는 느낌이 있었다. 그녀는 여전히 침대맡에 서 있었다. 피터의 머리칼이 그녀의 손길을 타고 뒤로 넘겨졌다. 입맞춤의 흔적이 그의 왼손 뼈마디 아래 남아 있었다. 땀방울이 그의 이마에서 반짝였다.

그녀는 내가 들어오는 걸 발견하고 나를 바라보며 말했다. "방금 떠났어요." 그렇게 말과 눈빛으로 설명했다.

피터는 조용히 빠져나갔다. 퇴장했다. 떠났다. 한순간 여기 있다가 지금은 … 어디로 갔을까? 그는 죽었다. 아니, 옮겨졌다.

그렇다면 어디로 갔을까? 어떤 모양으로 갔을까? 어떤 장소로 갔을까? 어떤 방법으로 갔을까? 그곳에서 무엇을 봤을까? 무엇을 알고 무엇을 했을까? 정말 궁금하다.

당신의 인생에서 '방금 떠난' 사람은 누구인가? 배우자의 호흡이 멎었을 때, 자궁 속 심장 소리가 멈췄을 때, 할머니의 모니터 속 신호음이 단조로운 소리로 바뀌었을 때, 그 순간 무슨 일이 일어났는가? 그리고 당신에게는 무슨 일이 일어날까?

그리스도의 재림이 없다면… 그것은 당신의 마지막 호흡이 되고 최후의 맥박이 될 것이다. 허파가 텅 비워지고 혈액은 잠잠해질 것이다. 죽음 이후 우리는 무엇이 될까?

그에 대한 답은 다음과 같이 다양하다.

- 어떤 사람들에 따르면 아무것도 안 된다. 우리는 부패하고 분해될 것이다. 죽음은 진짜 끝이다. 우리의 업적이나 평판은 남지만 우리는 남지 않는다.

- 어쩌면 유령? 한때 우리였던 것의 망령 말이다. 눈보다 창백하다. 아침 안개처럼 형체가 없다. 죽음 이후 무엇이 되냐고? 바로 유령이다.
- 아니면 독수리, 아니면 젖소, 아니면 코코모에 사는 자동차 수리공! 환생은 우리의 행위에 따라 우리에게 상을 주거나 벌을 준다. 다시 죽게 될 육체가 되어 이 땅에 돌아온다.
- 아니면 우주의 일부다. 호수가 빗방울을 흡수하듯 영원이 우리를 흡수한다. 우리는 지금의 우리 이전의 모습으로 돌아간다. 우주의 우주적 의식으로 돌아간다.

반면 기독교는 깜짝 놀랄 만한 아이디어를 이야기한다. "사망을 삼키고 이기리라"(고전 15:54). 묘지는 상실의 장소라기보다 획득의 장소다. 그리스도 안에서 죽은 자들은 당연히 그 죽음에 대한 애도를 받는다. 하지만 부러움도 받는다. 장송곡이 당연하지만 트럼펫 연주도 어울린다.

텅 빈 무덤의 약속에 따라, 내 친구 피터는 이 세상보다 훨씬 좋은 세상, 어찌나 좋은지 이 땅으로 돌아가라고 설득하려면 하나님까지 동원되어야 할 저 세상에서 깨어났다. 예수님께서 죽은 자를 다시 살리신 기적이 단지 세 번뿐이라는 것으로도 그 사실을 알 수 있다. 예수님께서 되돌아올 그 게스트를 모시는 일이 매우 힘드셨을 거라 생각한다.

약속의 사람들은 그리스도의 부활에 전적으로 의지하는, 흔들리지 않는 소망을 붙잡는다. 그리스도인의 소망은 예수 그리스도께서 육체적 죽음을 죽으셨고, 무덤을 비우셨고, 이 순간에도 교회의 머리로서 통치하시는 하늘로 승천하셨다는 주장에 달려 있다.

부활이 모든 것을 변화시켰다. 금요일 처형 후 일요일 아침이 되었다. 하늘은 어둑했다. 제자들은 뿔뿔이 흩어졌다. 로마의 집행관들은 아침식사에 대해, 일에 대해, 혹은 다음 날 있을 휴가에 대해 생각했다. 하지만 자기가 십자가에 못 박고 창으로 찔렀던 사람에 대해서는 생각하지 않았다. 예수님은 돌아가셨고 무덤에 누우셨다. 어제의 뉴스다. 정말 그런가? 아니, 틀렸다.

큰 지진이 나며 주의 천사가 하늘로부터 내려와 돌을 굴려 내고 그 위에 앉았는데 그 형상이 번개 같고 그 옷은 눈같이 희거늘 지키던 자들이 그를 무서워하여 떨며 죽은 사람과 같이 되었더라. 천사가 여자들에게 말하여 이르되 "너희는 무서워하지 말라. 십자가에 못 박히신 예수를 너희가 찾는 줄을 내가 아노라. 그가 여기 계시지 않고 그가 말씀하시던 대로 살아나셨느니라. 와서 그가 누우셨던 곳을 보라"(마 28:2-6).

이 말이 없었다면, 예수님의 시신이 무덤에서 썩어 먼지가 되었다면 당신이 이 페이지를 읽을 일이 없을 것이고, 우리가 이 약속을 논할 일이 없을 것이다. 하지만 이 말이 있었고, 약속은 이루어졌다.

예수님은 부활 여행을 떠나셨다. 무덤 근처에서 여인들에게 나타나셨다. 다락방에 있는 제자들에게 나타나셨다. 엠마오 도상에 있던 제자들에게도 나타나셨다. 갈릴리 바닷가에서 친구들에게 나타나셨다. 그들과 함께 음식을 드셨다. 그들이 예수님의 몸을 만졌고, 그분의 음성을 들었다. 그들은 예수님이 죽은 자 가운데서 부활하신 것을 확신했다. 또한 그들은 예수님의 부활이 우리 부활의 예고편이자 약속임을 믿었다.

하나님은 예수님을 위해 하신 일을 우리를 위해서도 하실 것이다. 죽은 자 가운데서 부활하신 예수님은 "첫 열매"(고전 15:20, 23)였다.

"첫 열매"는 추수한 것의 처음 맛보기다. 농부는 첫 수확물을 시식하여 작물의 특징을 예측할 수 있다. 우리의 부활도 그리스도의 부활을 바라봄으로써 예측할 수 있다.

우리가 죽은 후에 무슨 일이 일어날까?

성경은 매우 흥미로운 것을 보장한다. 당신의 영혼은 즉시 하나님의 임재에 들어가게 될 것이다. 당신은 깨어 있는 상태로 하나님 아버지와 교제할 것이고 앞서 간 자들과도 친교를 누릴 것이다. 당신의 몸은 나중에 동참하게 될 것이다.

우리는 이것이 진리임을 믿는다. 성경이 이렇게 말하기 때문이다. "우리가 담대하여 원하는 바는 차라리 몸을 떠나 주와 함께 있는 그것이라"(고후 5:8).

그래서 피터의 전처가 남편에게 무슨 일이 생긴 건지 물었을 때 나는 이렇게 대답할 수 있었다. "피터는 육신을 떠나 본향에서 주님과 함께 있습니다."

이건 예수님께서 십자가에 달린 강도에게 주신 약속 아닌가? "오늘 네가 나와 함께 낙원에 있으리라"(눅 23:43).

예수님께서 "오늘"이라고 약속하셨다. 지체는 없다. 중단도 없다. 정화, 혹은 영혼 수면을 위한 연옥도 없다. 그 강도는 이 땅에서 눈을 감고 낙원에서 깨어났다. 신자의 영혼은 본향으로 가고, 육체는 부활을 기다린다.

내 친구 루이스도 이 여행을 했다. 지난 몇 년 동안 그는 자기가 일하던 편의점에서 모닝커피를 사던 나에게 인사를 했다. 그는 부드러운 영혼이었다. 그의 심장 상태가 악화될 때도 그의 소망은 결코 황폐해지지 않았다. 지난주 그의 심장이 멈췄다. 세 번이나 심장발작을 일으켰고, 의료진이 두 번까지는 살려 낼 수 있었다. 첫 번째 심장발작 때 그의 아내가 병실로 안내되었다. 루이스는 아내에게 자신이 본 것을 속삭였다. "나와 함께 가자. 정말 아름다워."

낙원은 천국의 첫 번째 단계다. 하지만 그것이 천국의 마지막 형태이거나 본향의 궁극적 표현은 아니다. 마지막 시대는 마지막 날에 그리스도께서 다시 오실 때 시작된다. "주께서 호령과 천사장의 소리와 하나님의 나팔 소리로 친히 하늘로부터 강림하시리니"(살전 4:16). 천사들을 보거나 나팔 소리를 듣거나 조부모님과 포옹하기 전에 예수님의 음성에 사로잡힐 것이다. "여호와께서 높은 데서 포효하시고"(렘 25:30)

죽은 몸을 깨우시고 죽은 자의 영혼을 소환하실 것이다. "죽은 자들이 하나님의 아들의 음성을 들을 때가 오나니 … 무덤 속에 있는 자가 다 그의 음성을 들을 때가 오나니 선한 일을 행한 자는 생명의 부활로, 악한 일을 행한 자는 심판의 부활로 나오리라"(요 5:25, 28-29). 우리를 창조하신 분이 우리를 모으실 것이다. "이스라엘을 흩으신 자가 그를 모으시고"(렘 31:10).

나는 묘지에 서서 이 순간을 상상해 보려 애썼다.

데날린과 내가 걷는 길에는 자그마한 시골 묘지가 표시되어 있다. 묘비는 흐릿해져서 알아볼 수 없다. 한 세기 동안 먼지 하나 바뀌지 않았다. 식별 가능한 이름 몇 개는 성을 공유한다. 아마도 한 가족이 거기에 묻힌 것 같다. 그곳은 지구상에 있는 수많은 묘지 중 한 곳에 불과하다. 하지만 예레미야서 말씀이 참이라면, 언젠가 말로는 표현 못할 기적을 목격할 것이다. 아리마대 요셉의 무덤을 흔드셨던 바로 그 하나님께서 이 작은 묘지의 토양을 흔드실 것이다. 잔디가 뒤집힐 것이다. 관이 열리고 잊혔던 농부들의 몸이 이곳에서 하늘로 불려 올라갈 것이다.

무슨 모양으로 올라갈까? 몸은 어떤 모습일까? 어떤 상태의 몸이 나타날까? 시신은 부패했고, 일부는 흙이 되었고, 질병과 기형으로 황폐해졌고, 어떤 이들은 총에 맞아 몸에 구멍이 있거나 불에 타 훼손되었는데, 그런 몸으로 천국에 가도 괜찮을까?

바울의 대답이 여기에 있다.

죽은 자의 부활도 그와 같으니 썩을 것으로 심고 썩지 아니할 것으로 다시 살아나며 욕된 것으로 심고 영광스러운 것으로 다시 살아나며 약한 것으로 심고 강한 것으로 다시 살아나며 육의 몸으로 심고 신령한 몸으로 다시 살아나나니 육의 몸이 있은즉 또 영의 몸도 있느니라(고전 15:42-44).

영혼이 몸과 재결합할 것이고, 그 결과 영의 몸이 될 것이다. 씨앗이 식물이 되는 것과 마찬가지로 육의 몸이 영의 몸이 될 것이다. 분명 당신은 당신의 영의 몸을 사랑하게 될 것이다.

당신은 당신의 최고의 모습을 본 적이 없을 것이다. 당신은 가장 좋았던 시절에도 박테리아, 피로, 상처에 종속되어 있었다. 하나님께서 의도하셨던 본연의 당신을 안 적이 없다. 하지만 알게 될 것이다! 고통이 없는 몸, 쓸데없는 생각에서 벗어난 마음을 상상해 보라. 하나님이 의도하신 그대로의 자기 모습을 상상해 보라. 완전히 새롭다.

상상력이 준비되는 동안 원래 의도되었던 모습의 이 땅을 마음속에 그려 보라. 완전히 평온하다. "그때에 이리가 어린 양과 함께 살며 표범이 어린 염소와 함께 누우며 송아지와 어린 사자와 살진 짐승이 함께 있어 어린아이에게 끌리며"(사 11:6). 사자가 으르렁거리지 않을 것이다. 곰이 부상을 입히지 않을 것이다. 그 누구도, 그 어떤 것도 반항하지 않을 것이다. 다음 시대는 기꺼이 하나님을 따르기 때문에 평온할 것이다. "다시 저주가 없으며"(계 22:3). 다시는 이 땅과의 갈등이 없다. 하나님 앞에 수치도 없다. 사람들 사이의 긴장도 없다. 죽음도 없다. 저주도 없다. 저주가 제거된 결과, 하나님의 백성과 우주는 본래의 의도된 상태로 돌아갈 것이다. 유혹자 사탄은 "마귀와 그 사자들을 위하여 예비된 영원한 불에"(마 25:41) 던져질 것이다.

그때에 "사망을 삼키고 이기리라"(고전 15:54).

이 약속이 당신의 신앙에 기초가 되게 하라. 죽음을 그리스도의 부활의 렌즈로 보라. 물론 무덤은 슬픔을 가져온다. 하지만 절망할 필요는 없다. 무덤은 그리스도를 붙잡아 둘 수 없었고, 그리스도께서 당신 안에 계시기에 당신이 무덤 속에 있는 시간은 그리 길지 않을 것이다. "우리는 그의 약속대로 의가 있는 곳인 새 하늘과 새 땅을 바라보도다"(벤후 3:13).

이것이 하나님의 약속이다. 하나님은 그분의 창조를 되찾으실 것이다. 그분은 회복의 하나님이지 파괴의 하나님이 아니다. 그분은 갱신, 구속, 거듭남, 부활의 하나님이다. 하나님은 기꺼이 다시 행하시고 회복하신다.

"내가 만물을 새롭게 하노라"(계 21:5). 하나님이 선언하셨다. 만물을 새롭게! 옛것은 사라질 것이다. 병원 대기실이 사라질 것이다. 눈물로 얼룩진 이혼서류도 사라질 것이다. 전동칫솔도 사라질 것이다. 외로움도, 주택 압류 통지서도, 학대도 사라질 것이다. 암도 사라질 것이다. 하나님께서 모든 원자, 감정, 곤충, 동물, 그리고 우주를 손에 넣으실 것이다. 모든 병든 몸과 마음을 되찾으실 것이다. **내가 만물을 새롭게 하노라!**

영화 '이보다 더 좋을 순 없다'(As Good As It Gets)에서 잭 니콜슨은 뉴욕시에 살고 있는 괴팍한 작가를 연기한다. 그는 움직이는 모든 것에 잔소리를 한다. 그는 부유하고, 외롭고, 냉소적이며, 불안해한다. 그에겐 공포증이 있는데, 예를 들면 아마존에 사는 피라냐가 자기를 물어 뜯을까 봐 무서워하는 식이다. 또한 보도블록 위를 걷는 것, 비누를 두 번 사용하는 것, 누군가와 악수하는 것을 두려워한다. 그는 항상 같은 레스토랑의 같은 테이블에 앉아서 같은 메뉴를 같은 종업원에게 주문한다.

어느 순간 그의 신경증이 한계에 도달하여 정신분석 주치의를 찾아간다. 그곳에서 환자와 신음으로 가득한 대기실을 본다. 신체 접촉은 피하지만 슬픈 고통의 집합체가 미치는 영향은 피할 수 없다. 그 순간 그가 묻는다. "이보다 더 좋을 순 없나?"

많은 사람이 그렇다고 생각한다. 그들이 가장 좋아하는 순간, 가장 큰 기쁨, 가장 심오한 경험이 분만실과 장례식 사이의 어느 때에 일어난다고 생각한다.

하지만 누군가는 그들에게 말해 줘야 한다. 이건 그저 시작일 뿐이라고 말이다. 이보다 더 좋을 순 없다고? 그리스도인에게 이 세상은 이보다 더 나쁠 순 없다!

당신의 마음을 다음의 소망에 두라고 간청하고 주장하고 애원해도 될까? "우리가 흔들리지 않는 나라를 받았은즉"(히 12:28) 흔들리지 않는 소망을 가질 수 있다. 당신의 마음과 시선을 여기에 고정시키라.

그러므로 우리가 낙심하지 아니하노니 우리의 겉사람은 낡아지나 우리의 속사람은 날로 새로워지도다. 우리가 잠시 받는 환난의 경한 것이 지극히 크고 영원한 영광의 중한 것을 우리에게 이루게 함이니, 우리가 주목하는 것은 보이는 것이 아니요 보이지 않는 것이니 보이는 것은 잠깐이요 보이지 않는 것은 영원함이라(고후 4:16-18).

'주목하다'에 사용된 동사는 **스코페오**(skopeó)다. 영어 단어인 **스코프**(scope)의 고조부쯤 된다.

당신이 소총의 사정거리에 주목할 때 무슨 일이 생길까? 당신의 시선은 오직 한 가지 물건에만 초점을 맞추게 된다. 그와 같이 길고 험하더라도 눈을 들어 약속된 천국을 보라. 내일에 대한 소망이 오늘의 힘을 가져오게 하라. 당신에게 가장 멋진 순간은 당신의 마지막 순간이 될 것이다!

많은 사람이 다르게 말한다는 걸 안다. 죽음은 피해야 하고, 연기돼야 하고, 무시돼야 한다고 말이다. 하지만 그들에겐 당신에게 있는 것이 없다. 당신은 살아 계신 하나님의 약속을 가졌다. 당신은 사망을 삼키고 이길 것이다!

예수 그리스도께서 죽은 자 가운데서 부활하셨다. 자신의 권능을 보여 주기 위해서가 아니다. 당신의 길을 계시하기 위해서다. 예수님은 당신이 사망의 골짜기를 통과할 때 당신을 인도하실 것이다.

몇 주 전 나는 묘지 관리인의 사무실에 한 시간쯤 머물렀다. 내가 이 세상을 떠날 날이 점점 가까워지고 있다는 사실을 또 한 번의 생일을 맞이하며 깨달았기 때문이다. 장례를 준비해 두는 것이 좋겠다는 생각이 들었다. 그러다가 곧 그러지 말아야겠다고 생각했다(작은 묘지의 땅값을 알았을 때 특히 그런 생각이 들었다!).

점잖은 관리인이 내게 묘지 지도를 보여 주며 구입할 수 있는 땅을 알려 줄 때 나에게 한 가지 생각이 떠올랐다. "내가 미쳤다고 생각하겠지만…" 나는 관리인에게 말했다. "나의 묘비를 위한 메시지를 녹음해 놓아도 될까요? 무덤에게 보내는, 일종의 음성메일이죠."

그는 좋은 사람이어서 나를 미쳤다고 하지 않고, 그렇게 할 수 있는지 확인해 보겠다고 약속했다. 며칠 후 그는 나에게 좋은 소식을 전해 주었다. "가능합니다. 녹음된 메시지는 묘표(墓標)에 들어가고요. 버튼을 누르면 메시지가 재생됩니다."

나는 고마움을 표한 뒤 일하러 갔다. 몇 분이 안 되어 나는 메시지를 완성했다. 아직 녹음은 안 되었다. 아마도 당신에게 처음으로 공개하게 될 것 같다. 화강석 묘비에는 '맥스의 메시지를 들으려면 버튼을 누르십시오.'라는 문구가 적힐 것이다. 그리고 버튼을 누르면 다음의 메시지를 듣게 될 것이다.

> 와 주셔서 감사합니다. 나를 못 만나게 해서 미안해요. 난 여기 없어요. 고향에 있습니다. 본향이죠. 언젠가 나의 왕께서 부르실 것이고, 이 무덤은 임시 무덤이라는 것이 밝혀질 거예요. 당신이 여기 있는 동안에 그런 일이

일어난다면 옆으로 나가고 싶을지도 모르겠네요. 거듭 말하지만, 방문해 주셔서 감사합니다. 당신이 떠날 날에 대해서도 계획을 세워 두시길 소망합니다. 안녕히 가세요. 맥스 드림.

마음에 든다. 좀 더 손을 봐야겠지만 말이다. 단어 선택이 바뀔 수는 있어도 "사망을 삼키고 이기리라"(고전 15:54)는 약속은 변하지 않을 것이다.

소망의 약속 되새기기

1. 모든 사람이 죽음이라는 현실과 각각 다른 관계를 맺고 있다. 죽음을 받아들이고 평안한 사람이 있는 반면 죽음을 두려워하는 사람도 있다. 죽음에 대해 전혀 생각하지 않는 사람도 있다. 당신과 죽음의 관계는 어떤가? 성장하면서 죽음에 대해 어떤 이야기를 들었는가? 사람들이 죽음에 대해 무엇이라고 말했는가? 죽음은 당신에게 어떤 것으로 이해되었는가?

2. 가까운 사람의 죽음을 겪어 보았는가? 그 경험이 어떠했는가? 그것이 죽음에 대한 당신의 시각에 어떤 영향을 미쳤는가?

3. 죽은 뒤에 무슨 일이 일어나는지에 관해서는 매우 다양한 신념이 있다. 환생을 믿는 사람들이 있다. 무(無)로 사라진다는 사람들도 있다. 하지만 기독교 신앙은 죽음에 대해 독특한 입장을 취한다. 누가복음 23장 40-43절을 읽으라.

- 이 대화는 우리가 죽은 뒤에 무슨 일이 일어난다고 가르치는가?
- 예수님이 언급하신 낙원은 무엇인가?

4. 저자에 의하면 낙원은 죽음 이후 우리의 여정이 끝나는 곳이 아니다. 죽음 이후에 무슨 일이 일어나는가?(살전 4:16 참고)

5. 요한복음 5장은 부활에 대해 말한다. "진실로 진실로 너희에게 이르노니 죽은 자들이 하나님의 아들의 음성을 들을 때가 오나니 곧 이때라. 듣는 자는 살아나리라. … 선한 일을 행한 자는 생명의 부활로, 악한 일을 행한 자는 심판의 부활로 나오리라"(25, 29절).

- 이 구절에서 어떤 이미지가 떠오르는가?
- 고린도전서 15장 42-44절을 읽으라.

6. 저자는 우리의 몸이 부활 후에 전적으로 온전해질 거라 언급한다. 당신의 모습이 어떠할지 상상해 보라. 현재 당신에게 특별한 육체적 한계가 있는가? 그런 한계 없이 산다면 어떻겠는가?

7. 마지막 날에는 우리의 몸이 온전해질 뿐 아니라 이 땅도 온전해질 것이다. 요한계시록 22장 3절은 "다시 저주가 없으며"라고 말한다. 창세기 3장 16–19절을 읽으라.

- 하나님께서 이 땅과 인류에게 무슨 저주를 내리셨는가?
- 다시 저주가 없는 세상은 어떤 모습이겠는가?

8. 성경이 죽음 이후 우리에게 무슨 일이 일어날지, 믿는 자들에게 어떻게 최고의 때가 올 것인지 분명하게 밝히는데도 왜 우리는 여전히 죽음을 두려워하는가? 왜 우리는 여전히 죽음을 피하기 위해 할 수 있는 모든 것을 시도하는가?

9. 고린도후서 4장 18절을 읽으라. "우리가 주목하는 것은 보이는 것이 아니요 보이지 않는 것이니 보이는 것은 잠깐이요 보이지 않는 것은 영원함이라."

- 저자는 바울이 "주목하다"라고 한 헬라어에 대해 말한다. 이 단어는 무엇이며 어떤 뜻인가?
- 어떻게 해야 당신이 볼 수 없는 것에 주목할 수 있는가?
- 이 영원한 관점이 당신이 현재 씨름하고 있는 것에 관하여 어떻게 당신을 격려하는가?

10. 당신이 지금 인생의 어떤 시기를 보내든 잠시 당신의 마지막 때를 생각해 보라. 죽음이 다가올 때 어떻게 느끼고 싶은가? 그때를 준비하기 위해 당신의 사고방식이나 마음가짐에서 변화되어야 할 것은 무엇인가?

11. 이번 장의 약속은 그리스도 때문에 "사망을 삼키고 이기리라"(고전 15:54)는 것이다. 예수님의 죽음과 부활을 깊이 생각하라. 이 사건이 장래의 영광뿐 아니라 오늘 당신에게 어떤 소망을 주는가?

하나님의 약속

저녁에는 울음이 깃들일지라도
아침에는 기쁨이 오리로다.
시편 30:5

11
Unshakable Hope

머지않아
기쁨이 온다

캐나다에 사는 아만다 토드는 열다섯의 나이에 절망의 아이콘이 되었다. 깡패가 그녀를 부추겨 상의를 탈의한 채 포즈를 취하게 하고 사진을 찍었기 때문이다. 그는 더 많이 벗지 않으면 사진을 뿌리겠다고 위협하며 아만다를 계속 협박했다. 그러고는 결국 그 사진들을 유포했다. 수치심이 한여름의 진눈깨비처럼 쏟아졌다. 고등학교 복도에서부터 인터넷까지 그녀는 자기가 속한 집단에서 놀림감이 되었다.

그러지 않아도 은둔하기 좋아하고 상처에 취약했던 아만다는 훨씬 더 위축되었다. 그녀는 친구들을 피해 집에 머물렀다. 하지만 문자, 전화, 시선에서 완전히 벗어날 수 없었다. 가족은 여러 번 그녀를 전학시켰지만 조롱은 계속 그녀를 따라다녔다.

그렇게 3년간 스토킹과 비웃음을 당했다. 그러다 마약과 알코올에 빠져들었다. 아만다는 사람들과 모든 관계를 끊었다. 자기 방에 숨었다. 표백제를 마시고 생을 끝내려 했다. 마지막으로 모든 절망을 담아 유투브에 9분짜리 동영상을 올렸다. 감상적인 노래에 맞춰 플래시 카드로 공포의 몇 달을 이야기했다. 가족에게 닥쳐 온 수치, 자신에게 쏟아진 고통을 말이다. 동영상은 다음의 메시지와 함께 그녀의 얼굴을 반쪽만 보여 준다.

> 내겐 아무도 없어요. 누군가가 필요해요. 내 이름은 아만다 토드예요.

동영상을 올린 한 달 후 그녀는 다시 한 번 자살을 시도했다. 그렇게 결국 이 세상을 떠났다.[1]

만약 소망이 비구름이라면 아만다 토드는 사하라사막에서도 살았을 것이다. 그녀는 살기 위해 하늘을 찾았지만 아무것도 발견하지 못했다. 하나님께는 그녀 같은 사람을 위한 약속도 있을까?

당연하다. 누구나 격려의 말을 할 수 있지만, 하나님이 만약 그분이 주장하시는 대로라면 그분은 정녕 낙담한 자들에게 훨씬 더 나은 말을 해 주실 게 틀림없다.

자기만의 방법으로 애쓰는 것도 당신의 안 좋은 기분이나 힘겨운 시기를 이겨 내게 해 줄 것이다. 하지만 학대당한 어린 시절, 몸을 망가뜨리는 사고, 수년간 만성적인 고통이나 대중의 조롱을 당하는 일은 어떤가? 하나님은 그 영혼의 어두운 밤을 위한 말씀도 갖고 계실까?

그렇다. 그 약속은 이렇게 시작된다. "저녁에는 울음이 깃들일지라도 아침에는 기쁨이 오리로다"(시 30:5).

물론 당신도 이 정도는 알고 있다. 이 진리를 알기 위해 굳이 이 구절을 읽을 필요는 없었다. 울음은 밤새도록 지속될 수 있다. 무덤 앞의 과부나 응급실에 있는 어머니에게 물어보라. 일자리를 잃은 남자도 당신에게 말해 줄 수 있다. 길을 잃은 십대도 마찬가지다. 울음은 오늘 밤, 내일 밤, 그 다음 날 밤에도 계속될지 모른다. 이건 당신에게 새로운 뉴스가 아니다.

하지만 "아침에는 기쁨이 오리로다"(시 30:5)는 새로운 뉴스일 것이다. 절망이 승리하지 않을 것이다. 슬픔이 영원히 지속되지 않을 것이다. 구름이 태양을 가릴 수는 있어도 태양을 없앨 수는 없다. 밤이 해돋이를 늦출 수는 있어도 해돋이를 막을 수는 없다. 아침은 온다. 우리가 원하는 만큼 빨리는 아닐지라도, 우리가 바라는 만큼 극적이지 않더라도 아침은 반드시 온다. 그 아침과 함께 기쁨도 온다.

당신에게도 이 약속이 필요한가? 눈물을 강물처럼 흘려 본 적이 있는가? 희망을 버린 적이 있는가? 이 밤이 지나면 과연 아침이 찾아올 것인지 의심스러운가?

막달라 마리아도 그랬다. 신약이라는 숲에서 그녀는 흐느끼는 버드나무와 같았다. 비극은 그녀 위에 가장 추운 겨울을 드리웠다. 예수님을 알기 전, 그녀는 일곱 귀신 들린 자였다(눅 8:2). 일곱 가지 고통을 가지고 있는 자였다. 여기에 어떤 것들이 포함될까? 우울증? 외로움? 수치심? 두려움?

아마도 그녀는 은둔자이거나 창녀였을 것이다. 학대당하거나 버림 받았을지도 모른다. 성경에서는 종종 '7'이라는 숫자가 완전성을 묘사할 때 사용된다. 따라서 '일곱 가지 고통'은 곧 막달라 마리아가 총체적인 괴로움에 사로잡혔다는 의미일 수 있다.

하지만 그때 뭔가가 일어났다. 예수님이 그녀의 세상에 발을 내딛으신 것이다. 예수님이 말씀하시자 귀신들이 떠났다. 오랜만에, 처음으로, 억압하던 세력이 갔다. 사라졌다. 쫓겨났다.

막달라 마리아는 잘 자고, 잘 먹고, 다시 웃을 수 있었다. 그녀의 얼굴에 더 이상 고뇌가 없었다. 예수님께서 그녀의 인생에 생명을 회복시키셨다.

이에 그녀는 화답했다. 그녀는 "자기들의 소유로 그들(예수님과 제자들-역주)을 섬기"던 여인들 중 하나였다(눅 8:3). 예수님이 가시는 곳마다 막달라 마리아도 따라갔다. 예수님의 가르침을 들었다. 예수님의 기적을 보았다. 그녀는 비용을 지불하는 것을 도왔다. 어쩌면 식사를 준비했을지도 모른다. 그녀는 항상 그리스도 가까이에 있었다.

예수님이 십자가형을 받으실 때도 그녀는 "예수의 십자가 곁"에 섰다(요 19:25). 군인들이 예수님의 손에 못을 박을 때 그녀는 망치 소리를 들었다. 창으로 예수님의 옆구리를 찌를 때에는 쏟아지는 피를 보았다. 십자가에서 예수님의 몸이 내려진 후에는 장례 준비를 도왔다.

금요일에 막달라 마리아는 예수님의 죽음을 보았다. 토요일에는 슬픈 안식일을 지켰다. 일요일이 찾아왔을 때, 막달라 마리아는 금요일에 시작한 일을 끝마치려고 무덤에 왔다. "안식 후 첫날 일찍이 아직 어두울 때에 막달라 마리아가 무덤에 와서"(요 20:1). 그녀는 텅 빈 무덤에 아무것도 없다는 걸 알게 되었다. 그녀가 무덤에 간 이유는 오직 예수님의 수염에 엉긴 핏자국을 닦아 내고 작별인사를 하려는 것이었다.

아직 어두운 시간이었다. 그녀가 무덤에 도착했을 때 나쁜 상황이 더 나빠졌다. 막달라 마리아는 돌이 무덤에서 옮겨진 것을 보았다(요 20:1). 도굴꾼이 시체를 가져갔다고 추측한 그녀는 서둘러 길을 내려와 베드로와 요한을 만났다. 그리고 그들에게 "사람들이 주님을 무덤에서 가져갔다"고 말했다(요 20:2).

베드로와 요한은 무덤으로 달려갔다. 요한이 더 빨랐지만 베드로가 더 대담했다. 베드로는 무덤 안으로 들어갔다. 요한이 그 뒤를 따랐다. 베드로는 텅 빈 무덤을 보며 그곳을 가만히 응시했다. 하지만 요한은 텅 빈 무덤을 보고 믿었다. 부활에 관한 예언, 옮겨진 돌, 예수님의 몸을 쌌던 세마포, 다른 곳에 정리되어 있는 머리 수건…. 모든 증거가 그에게 하나의 메시지가 되었다.

요한은 하나하나 짚어 보았다. 아무도 예수님의 시신을 가져가지 않았다. 아무도 무덤을 도굴하지 않았다. 예수님은 죽은 자 가운데서 부활하셨다. 요한은 보고 믿었다. 부활절 첫 축하객을 맞이했다.

베드로와 요한은 서둘러 다른 제자들에게 이 사실을 말해 주었다. 우리는 복음의 카메라가 그들을 따라가며 밀착 취재했을 거라 예상한다. 어쨌거나 그들은 사도이고, 신약의 서신들을 쓴 미래의 저자였으니 말이다. 그들은 예수님의 제자 중에서도 핵심 인물이다. 따라서 우리는 요한이 사도들의 그 다음 행적을 더 자세히 묘사할 거라고 예상한다.

하지만 요한은 그러지 않는다. 그는 뒤에 남은 한 사람의 이야기를 말해 준다. "마리아는 무덤 밖에 서서 울고 있더니"(요 20:11).

그녀의 얼굴은 눈물범벅이었다. 어깨는 흐느낌으로 들썩였다. 그녀는 철저히 혼자라고 느꼈다. 그곳은 막달라 마리아, 그녀의 절망, 그리고 텅 빈 무덤뿐이었다. "울면서 구부려 무덤 안을 들여다보니 흰 옷 입은 두 천사가 예수의 시체 뉘었던 곳에 하나는 머리 편에, 하나는 발 편에 앉았더라. 천사들이 이르되 '여자여, 어찌하여 우느냐?'"
(요 20:11-13)

막달라 마리아는 천사를 사람으로 착각했다. 그 이유를 쉽게 상상할 수 있다. 아직 어두웠고, 무덤 안은 훨씬 더 어두웠다. 그녀의 눈은 눈물로 가득했다. 천사들이 무덤에 있으리라고 생각할 이유가 전혀 없었다. '뼈를 채굴하는 사람일까? 그럴지 몰라. 관리인일까? 충분히 가능한 일이지.' 그녀의 일요일은 너무도 어두웠기에 천사의 임재를 예측하지 못했다. "사람들이 내 주님을 옮겨다가 어디 두었는지 내가 알지 못함이니이다"(요 20:13).

마리아의 세상은 공식적으로 완전히 실패했다. 그녀의 주인은 죽임을 당했다. 주인의 시신은 다른 사람에게 빌린 무덤에 안치되었다. 주인의 무덤은 도굴되었다. 시신은 도난당했다. 지금 외부인 두 사람이 주인의 몸을 뉘였던 곳에 앉아 있다. 슬픔이 분노와 뒤섞였다.

그런 순간을 맞아 본 적이 있는가? 나쁜 상황이 더 나빠지는 순간, 슬픔이 안개처럼 당신을 휘감아 버리는 순간, 하나님을 찾아서 왔는데 그분을 발견하지 못한 순간 말이다.

어쩌면 막달라 마리아의 이야기가 당신의 이야기일지 모른다. 만약 그렇다면 다음에 일어난 일을 좋아하게 될 것이다. 마리아의 가장 어두운 순간에 하나님의 아들이 오셨다.

> 이 말을 하고 뒤로 돌이켜 예수께서 서 계신 것을 보았으나 예수이신 줄은 알지 못하더라. 예수께서 이르시되 "여자여, 어찌하여 울며 누구를 찾느냐?" 하시니 마리아는 그가 동산지기인 줄 알고 이르되 "주여, 당신이 옮겼거든 어디 두었는지 내게 이르소서. 그리하면 내가 가져가리이다"(요 20:14-15).

그녀는 주님을 알아보지 못했다. 그래서 예수님은 특별한 일을 하셨다. 그녀의 이름을 부르신 것이다. "예수께서 '마리아야' 하시거늘"(요 20:16).

아마도 예수님께서 늘 말씀하시던 어투였을 것이다. 억양, 어조, 갈릴리 말씨. 막달라 마리아는 그것과 더불어 추억이 떠올랐을 것이다.

처음으로 아무 왜곡이나 의도 없이 자기 이름을 부르는 소리를 들었던 순간 말이다.

"마리아야."

예수님이 자기 이름을 부르는 소리를 들었을 때 그녀는 그 소리의 주인을 알아챘다. "마리아가 돌이켜 히브리 말로 '랍오니' 하니 (이는 선생님이라는 말이라)"(요 20:16). 순식간에 나온 말이다. 그녀의 머릿속 여기서 저기로 회전하는 데 걸린 시간 동안, 그녀의 세상은 돌아가신 예수님에서 살아계신 분으로 옮겨졌다. 저녁에는 울음이 깃들일지라도 아침에는 기쁨이….

막달라 마리아는 예수님을 붙잡았다. 이것이 사실인 이유는 예수님께서 하신 다음 말씀 때문이다. "나를 붙들지 말라. 내가 아직 아버지께로 올라가지 아니하였노라"(요 20:17).

추측컨대 마리아는 예수님의 발 앞에 엎드려 발목을 붙잡았을 것 같다. 두 팔로 예수님의 어깨를 안고 꼭 붙들었을 수도 있다. 마리아가 어떻게 예수님을 붙들었는지는 모르지만, 붙들었다는 사실만은 분명하다.

예수님은 그녀가 그렇게 하도록 내버려 두셨다. 아주 잠깐이었지만 그 시간을 허락하셨다. 부활하신 주님이 너무 거룩하거나, 너무 특별하거나, 너무 신성하거나, 너무 초월적이어서 만질 수도 없는 존재가 아니라는 것이 얼마나 놀라운가.

이 순간은 부활절 이야기에서 성스러운 역할을 한다. 예수님이 승리하신 왕이자 선한 목자이심을 우리에게 즉시 상기시킨다. 하지만 그분은 세상에서 연약한 막달라 마리아에게 부드러우시다. 제왕적 영웅이 한없이 다정하시다.

내 바람은 이 장면을 그림으로 그리는 거다. 유화로 그리고 액자를 맞추는 거다. 눈부신 황금빛 해돋이, 열린 무덤, 멀리서 지켜보는 천사들, 흰 옷을 입으신 메시아, 기쁨에 겨운 마리아, 예수님을 향해 뻗은 마리아의 손, 마리아를 바라보시는 예수님의 시선…. 당신이 만약 화가이고 이 그림을 그리게 된다면 부디 마리아의 눈물에 해돋이가 비치는 것을 넣어 주기 바란다. 그리고 반드시 예수님의 얼굴에 함박웃음을 그려 주기 바란다.

그 후에 "막달라 마리아가 가서 제자들에게 내가 주를 보았다 하고 또 주께서 자기에게 이렇게 말씀하셨다 이르니라"(요 20:18). 말씀하실 수 있었던 모든 사람 중에서 예수님은 제일 먼저 그녀에게 가셨다. 막달라 마리아에게 말이다! 예수님은 이제 막 지옥문을 부수셨고, 사탄의 입에서 송곳니를 뽑으셨으며, 천국을 위해 BC를 AD로 바꾸셨다! 그분은 반박의 여지없이 온 우주의 왕이셨다. 수많은 천사가 전심으로 섬길 준비를 하고 있다. 그분의 첫 번째 행동이 무엇이었는가? 누구에게 가셨는가? 마리아였다. 울고 있는 여인, 비통해하는 여인, 한때 일곱 귀신 들렸던 여인에게 말이다.

왜일까? 왜 그녀였을까? 우리가 아는 한 그녀는 선교사가 되지 않았다. 그녀의 이름으로 된 서신서도 없다. 어떤 신약성경도 그녀의 사역을 묘사하지 않는다. 왜 예수님은 막달라 마리아를 위해 이 순간을 창조하셨을까? 아마도 수심에 잠긴 모든 사람에게 다음과 같은 메시지를 보내기 위해서였을 것 같다. "저녁에는 울음이 깃들일지라도 아침에는 기쁨이 오리로다"(시 30:5).

기쁨이 온다. 예수님이 오시기 때문에 기쁨이 온다. 만약 우리가 그분의 얼굴을 알아채지 못한다면 그분이 우리의 이름을 부르실 것이다. "내가 너를 내 손바닥에 새겼고 너의 성벽이 항상 내 앞에 있나니"(사 49:16).

당신의 이름이 천국 파일에 묻혀 있지 않다. 하나님께는 당신을 기억하기 위한 이름표가 필요 없으시다. 당신의 이름은 그분의 손바닥에 새겨졌다. 그분은 당신에 대해 태평양에 있는 모래보다 더 많은 생각을 갖고 계시다. 당신은 하나님의 전부다.

언젠가 디트로이트 출신 사제에 관한 이야기를 읽은 적이 있다. 그는 친척을 방문하기 위해 아일랜드에 갔다. 어느 날 삼촌과 함께 킬라니 호숫가를 걸으며 해돋이를 보았는데, 20분 내내 거의 한 마디도 하지 않았다고 한다. 산책을 마무리하며 그 사제는 삼촌이 미소 짓고 있는 걸 발견했다.

"셰이머스 삼촌, 행복해 보이시네요."

"행복하지."

"왜요?"

"예수님의 아버지께서 나를 정말 좋아하시니까."[2)]

친구여, 그분은 당신도 좋아하신다. 이 사실을 믿기 어려운가? 내가 다른 사람 얘기를 하고 있는 것 같은가? 좀 더 거룩하고, 착하고, 멋진 사람? 결혼생활을 망치고 직장생활을 말아먹지 않은 사람? 약이나 포르노나 인기에 중독되지 않은 사람?

아니다. 난 지금 바로 당신에게 얘기하는 거다. 세상에서 가장 위대한 뉴스는 하나님께서 세상을 만드셨다는 것이 아니라 하나님이 세상을 사랑하신다는 것이다. 하나님이 당신을 사랑하신다. 당신은 그 사랑을 돈이나 노력으로 얻어내지 않았다. 당신을 향한 그분의 사랑은 당신이 분노를 터뜨려도 멈추지 않는다. 당신을 향한 그분의 사랑은 당신이 길을 잃어도 희미해지지 않는다. 당신을 향한 하나님의 사랑은 당신의 제자도가 약해져도 힘을 잃지 않는다.

당신은 단 하루도 사랑받지 않은 날이 없다.

어떤 사람은 하나님이 착한 사람만 사랑하신다고 말해 줬을 거다. 틀렸다. 착한 사람은 아무도 없다.

어떤 사람은 당신이 먼저 하나님을 사랑해야 비로소 하나님도 당신을 사랑할 거라고 말해 줬을 거다. 틀렸다. 하나님은 그분을 생각조차 한 적 없는 사람들을 사랑하신다.

어떤 사람은 하나님이 화를 잘 내고 괴팍하며 복수심이 강하다고 말해 줬을 거다. 틀렸다. 우리가 화를 잘 내고 괴팍하며 복수심이 강한 거다. 하나님은 이런 분이다.

여호와는 긍휼이 많으시고 은혜로우시며 노하기를 더디 하시고 인자하심이 풍부하시도다. 자주 경책하지 아니하시며 노를 영원히 품지 아니하시리로다. 우리의 죄를 따라 우리를 처벌하지는 아니하시며 우리의 죄악을 따라 우리에게 그대로 갚지는 아니하셨으니, 이는 하늘이 땅에서 높음같이 그를 경외하는 자에게 그의 인자하심이 크심이로다. 동이 서에서 먼 것같이 우리의 죄과를 우리에게서 멀리 옮기셨으며, 아버지가 자식을 긍휼히 여김같이 여호와께서는 자기를 경외하는 자를 긍휼히 여기시나니(시 103:8-13).

하나님께서 당신을 사랑하신다. 그렇기 때문에 당신은 곧 기쁨이 온다는 걸 확신할 수 있다.

메리 쿠쉬만도 이 진리를 배웠다.³⁾ 1930년대의 대공황은 그녀의 가족을 비탄에 빠뜨렸다. 남편의 평균 임금은 일주일에 이만 원으로 줄었다. 그에게는 병이 있었기 때문에 그나마도 벌지 못하는 날이 많았다. 그래서 그녀는 빨래와 다림질로 돈을 벌기 시작했다. 다섯 아이는 구세군 옷을 입혔다. 어느 날 그들이 오만 육천 원을 빚지고 있던 식품점 주인이 그녀의 열한 살짜리 아들을 절도죄로 고소했다. 그녀가 할 수 있는 일이라고는 다음과 같이 하는 것뿐이었다.

아무런 소망도 볼 수 없었다. … 세탁기 문을 닫고, 다섯 살짜리 딸아이를 침실로 데려갔다. 창문 틈을 종이와 넝마로 막았다. … 침실에 있던 가스

히터를 켰다. 하지만 불은 붙이지 않았다. 딸아이와 함께 나란히 침대에 누웠을 때 딸아이가 나에게 이렇게 말했다. "엄마, 재밌는 일이 있어요. 얼마 전에 말예요!" 하지만 나는 "걱정하지 마. 잠시 낮잠을 자는 거야."라고 말했다. 그리고 눈을 감았다. 히터에서 가스가 새어 나오는 소리를 들었다. 그 가스의 냄새를 결코 잊지 못할 것이다. … 갑자기 어디선가 음악소리가 들려오는 것 같았다. 분명 들었다. 부엌에 있는 라디오를 끄지 않은 듯했다. 하지만 이제 그런 건 중요하지 않았다. 음악이 계속 흘러나왔다. 그리고 선물같이, 누군가가 찬송가를 부르는 걸 듣게 되었다.

우리는 예수 안에서 얼마나 좋은 친구를 가졌는가!
그분이 우리의 모든 죄와 슬픔을 지셨도다.
기도로 하나님께 모든 걸 아뢰니 얼마나 좋은 특권인가!
오, 놀라운 평화를 우리가 얼마나 자주 잊는지.
오, 쓸모없는 고통을 우리가 얼마나 자주 지는지.
우리가 하나님께 모든 것을 기도로 아뢰지 않은 까닭이로다!

그 찬송가를 들으며 내가 참담한 실수를 했다는 것을 깨달았다. 나의 끔찍한 전쟁을 나 홀로 싸우려 했다. … 나는 벌떡 일어나 가스를 끄고 문을 열고 창문을 올렸다.

그녀는 계속해서 자신이 까맣게 잊고 있던 축복(건강한 다섯 자녀)**에 대**

해 어떻게 하나님께 감사를 드리며 남은 하루를 보냈는지 설명했다. 그리고 감사하지 않는 일은 결코 하지 않겠다고 약속했다. 그들은 결국 집을 잃었지만 소망을 잃지는 않았다. 그들은 대공황을 이겨 냈다. 그리고 다섯 아이는 무럭무럭 성장해서 결혼하고 자녀를 낳았다.

> 가스를 켰던 그 끔찍한 날을 회상하면서, 나는 내가 제때에 '깨어난 것'에 대해 하나님께 거듭 감사를 드렸다. 어떠한 기쁨을 잃을 뻔했는지, … 얼마나 많은 놀라운 나날을 영원히 박탈당할 뻔했는지! 자기 생을 마감하고 싶어 하는 누군가의 얘기를 들을 때마다 나는 "하지 마! 하지 마!"라고 외치고 싶어진다. 우리가 버텨 내야 할 가장 어두운 순간은 아주 잠깐이다. 머지않아 미래가 온다. [4]

기쁨이 온다. 기다려라. 아침 해돋이나 저녁 땅거미를 기대하는 것처럼 기대하라. 막달라 마리아에게 기쁨이 왔다. 메리 쿠쉬만에게도 왔다. 당신에게도 올 것이다.

약속의 사람들이 하는 것을 하라. 계속해서 예수님께 나아가라. 길이 어두워도, 태양이 잠든 것처럼 보여도, 모두가 침묵하고 있어도 예수님께 걸어가라. 막달라 마리아가 그랬다. 아니, 그녀는 사실 예수님의 약속을 이해하지 못했다. 살아 계신 예수님이 아니라 죽은 분을 찾아갔다. 그럼에도 불구하고 그녀는 예수님께 갔다. 갔기 때문에 예수님이 그녀에게 오셨다.

당신은 어떠한가?

수시로 포기하라는, 가 버리라는 유혹을 받을 것이다. 하지만 그러지 말라. 내키지 않더라도 계속해서 빈 무덤으로 가는 길을 따라 걸으라. 성경을 펼치라. 말씀을 묵상하라. 찬송을 부르라. 믿는 자들과 대화하라. 예수님께 발견될 수 있는 곳에 당신을 두라. 그 동산지기는 바로 당신의 구주시다.

울음이 온다. 우리 모두에게 온다. 심적 고통은 우리에게 눈물로 얼룩진 얼굴과 무거운 마음을 남긴다. 울음이 온다. 하지만 기쁨도 온다. 어둠이 오지만 아침도 온다. 슬픔이 오지만 소망도 온다. 슬픔이 밤을 가져갈지 모르지만, 우리의 삶을 가질 순 없다.

소망의 약속 되새기기

1. 현재 당신이 더 이상 소망이 없다고 느끼는 것은 무엇인가? 당신을 절망에 빠뜨리는 것은 무엇인가? 아무런 출구가 없다고, 변화의 가능성이 없다고 여기는 것은 무엇인가?

2. 이번 장은 복음서의 중심인물인 막달라 마리아에 대해 말한다. 막달라 마리아는 처음에 어떻게 예수님을 만났는가?(눅 8:1–3 참고)

3. 요한복음 19장 25절에 따르면 막달라 마리아는 예수님의 어머니, 그리고 이모와 함께 예수님의 십자가 옆에 서 있었다. 이 사실이 막달라 마리아와 예수님에 대해 무엇을 암시하는가?

4. 요한복음 20장 1–11절을 읽으라.
   - 빈 무덤에 대한 마리아의 반응과 시몬 베드로와 요한의 반응에 어떤 차이점이 있는가?
   - 이것이 마리아와 그 순간 그녀가 느낀 것에 대해 무엇을 말해 주는가?

5. 1번 질문에 대한 답을 다시 생각해 보라. 소망 없어 보이는 상황에서 당신은 어떻게 반응하는가? 그러한 상태를 어떻게 해결할 것인가?

6. 로마서 5장 3–5절은 소망에 관하여 성경에서 가장 사랑받는 구절 중 하나다. 바울은 "다만 이뿐 아니라 우리가 환난 중에도 즐거워하나니 이는 환난은 인내를, 인내는 연단을, 연단은 소망을 이루는 줄 앎이로다. 소망이 우리를 부끄럽게 하지 아니함은 우리에게 주신 성령으로 말미암아 하나님의 사랑이 우리 마음에 부은 바 됨이니."라고 썼다.
   - 이 구절에 의하면 무엇이 소망에 선행하는가?
   - 이 구절에서 **인내**에 사용된 헬라어는 **휘포모네**(hupomoné)다. 휘포모네는 "참을성 있는, 인내하는, 불변의" 등의 뜻을 지닌다.[5] 환난이 어떻게 인내하고 불변하는 기다림을 낳을 수 있는가?
   - 막달라 마리아는 텅 빈 무덤을 본 후 어떻게 **휘포모네**하는 인내를 만들었는가?

7. 당신의 삶에서 소망이 없다고 느꼈던 또 다른 시절을 떠올려 보라.
   - 그때 무슨 일이 일어났는가?

- 그 환난에서 의미를 발견했는가?
- 그 환난이 바울이 로마서 5장 3–5절에서 말한 인내, 연단, 소망 등의 열매를 낳았는가?

8. 시편 30편 5절은 "저녁에는 울음이 깃들일지라도 아침에는 기쁨이 오리로다." 말한다. 요한복음 20장 11–18절의 마리아 이야기를 찬찬히 살펴보라.

- 마리아가 무덤에서 경험한 일이 아침에는 기쁨이 온다는 진리를 어떻게 반영하는가?
- 이 이야기는 우리가 로마서 5장 3–5절에서 소망에 대해 배운 것을 어떻게 반영하는가?

9. 마리아가 예수님이 돌아가셨다고 확신한 이유는 예수님이 죽는 것을 목격했기 때문이다. 그녀가 예수님의 시신을 도둑맞았다고 확신한 이유는 무덤이 비어 있는 것을 발견했기 때문이다. 하지만 예수님이 그녀의 이름을 부르셨을 때(요 20:16) 그녀의 절망은 믿을 수 없는 소망으로 바뀌었다.

- 이러한 사실이 지금 소망 없어 보이는 당신의 상황에 대해 무엇을 말해 주는가?
- 소망이 없어 보이는 최악의 상황에서도 예수님이 당신의 이름을 부르실 수 있는가? 그런 환난의 시기를 지나면서 당신이 예수님의 음성을 듣거나 그분의 일하심을 보았던 것은 언제인가?

10. 저자는 세상에서 가장 위대한 뉴스는 하나님이 세상을 창조하신 것이 아니라고 했다. 그가 말한 가장 위대한 뉴스는 무엇인가?

- 하나님께서 당신을 늘 지켜보시고 사랑하신다는 사실이 당신에게 어떤 소망을 주는가?
- 소망이 없어 보이는 상황이 변하지 않는다 해도 그 속에서 소망을 발견할 수 있겠는가?

11. 시편 103편 8–13절을 읽고 깊이 묵상하라. "여호와는 긍휼이 많으시고 은혜로우시며 노하기를 더디 하시고 인자하심이 풍부하시도다. 자주 경책하지 아니하시며 노를 영원히 품지 아니하시리로다. 우리의 죄를 따라 우리를 처벌하지는 아니하시며 우리의 죄악을 따라 우리에게 그대로 갚지는 아니하셨으니, 이는 하늘이 땅에서 높음같이 그를 경외하는 자에게 그의 인자하심이 크심이로다. 동이 서에서 먼 것같이 우리의 죄과를 우리에게서 멀리 옮기셨으며, 아버지가 자식을 긍휼히 여김같이 여호와께서는 자기를 경외하는 자를 긍휼히 여기시나니."

하나님의 약속

오직 성령이 너희에게 임하시면

너희가 권능을 받고

사도행전 1:8

12

Unshakable Hope

성령님이
당신을 도우신다

여기 당신이 한번 생각해 볼 만한 물건이 있다. 새 삼각대인데 진짜 괜찮은 거래다. 최고급이고, 온도 변화에 강하며, 가볍다. 배낭에 딱 들어가게 접힌다. 어떤 타입의 카메라든 사용할 수 있다. 이 삼각대는 당신의 가정에 생겨날 미래의 사진작가에게 물려줄 보물이 될 수 있다. 관심이 생기는가? 그렇다면 정상 가격에서 3분의 1을 할인해 주겠다. 이렇게 하는 것이 공정한 이유는 이 삼각대 다리 중 3분의 1이 없기 때문이다. 그렇다. 이건 두 개의 다리만 있는 삼각대다. 접고 넣을 때 다리 하나가 없는 편리함을 상상해 보라. 그만큼 가볍지 않겠는가? 대체 왜 다리 3개가 다 필요한가?

어떤가? 이 물건을 사겠는가? 이 물건의 가치를 확신할 수 없는가?

차라리 다리가 셋인 다른 삼각대를 찾아보는 게 낫겠는가?

알겠다. 그럼 두 번째 물건으로 넘어가 보자. 이번엔 세발자전거다. 당신의 자녀가 이 화려한 세발자전거를 타고 인도를 오르락내리락하는 기쁨을 생각해 보라. 소방차처럼 빨간색이다. 핸들에는 술이 매달려 있다. 작은 종도 장착되어 있다. 거듭 말하지만 진짜 괜찮은 물건이다. 이것을 원래 가격의 3분의 1에 내놓겠다. 그 정도 할인이면 온 가족이 외식을 할 수도 있는 돈이다! 다만 한 가지 작은 문제가 있다. 바퀴 하나가 없다. 하지만 아직 두 개의 바퀴가 남아 있다. 리틀 조니 (당황스런 질문을 잘하고 매우 직설적인 사고방식을 가진 꼬마소년-역주)도 언젠가는 두발자전거를 타게 될 것 아닌가. 그러니 지금 당장 시작하는 게 좋을 거다. 당신의 자녀에게 이 두발자전거를 사 줘라.

왜 또다시 그런 눈으로 나를 쳐다보는가? 데날린이 하듯 내게 눈을 굴리면서 말이다. 지금은 한숨을 쉬고, 알겠다. 다리가 두 개인 삼각대는 쓸모가 없다. 바퀴가 두 개인 세발자전거도 당신의 기대에 못 미치는 것 같다. 하지만 내겐 당신이 관심을 가질 만한 물건이 하나 더 있다.

프리즘을 본 적 있는가? 삼각 프리즘만큼 태양광선을 붙잡는 것도 없다. 당신은 이 단순한 도구의 굴절에 매료되어 몇 시간을 보낼 것이다. 어린아이들을 즐겁게 해 주라. 데이트에 깊은 감명을 주라. 과학 시간에 좋은 점수를 얻으라. 어떤 가정도 삼각 프리즘이 없으면 완벽하지 않다. 이 물건은 특히 알뜰한 소비자에게 적합하다. 공장의 경미한 결함으로 삼각형의 한 면이 불투명하다. 하지만 다른 두 면은 정상이다. 셋 중 한 면은 빛을 굴절시키기보다 빛에 저항한다. 그 흠은 경미한 약점이다. 당신 동네에 사는 그 누가 두 면짜리 프리즘을 소유하겠는가? 물론 가격은 3분의 1을 깎아서 그 결점을 보상해 주겠다.

너무 성급하게 거절하지 말고 한 번 더 생각해 보라. 다리 하나가 없는 삼각대, 바퀴 하나가 없는 세발자전거, 한 면이 없는 프리즘에 대해 각각 정상 가격의 3분의 1을 인하하겠다. 아직도 그 가치를 보지 못하는가?

아마도 당신은 못 볼 거다. 당신을 탓하진 않겠다. 전체를 다 가질 수 있을 때 누가 3분의 2로 합의를 보겠는가?

하지만 많은 그리스도인이 그렇게 한다. 신자에게 다음 질문을 던져 보라. "성부 하나님이 누구십니까?" 그러면 주저 없이 대답한다. "성자 하나님을 묘사하십시오." 이 질문에도 머뭇거리지 않을 것이다. 하지만 신자들이 더듬거리며 할 말을 찾는 걸 보고 싶다면 이렇게 물으라. "성령님은 누구십니까?"

많은 신자들이 3분의 2짜리 하나님에 만족한다. 그들은 성부와 성자에 의지하지만 성령은 간과한다. 당신은 삼각대, 세발자전거, 프리즘에서는 실수하지 않을 것이다. 삼위일체 하나님에 대해서도 그런 실수를 하지 않고 싶을 것이다. 성경은 성령님에 대해 1백 번 이상 언급한다. 예수님은 교회나 결혼보다 성령님에 대해 더 많이 말씀하셨다. 뿐만 아니라 돌아가시기 전날 밤, 제자들이 예수님 없는 미래에 직면하도록 준비시키시면서 다음과 같이 보배롭고 큰 약속을 주셨다. "오직 성령이 너희에게 임하시면 너희가 권능을 받"는다(행 1:8).

예수님이 제자들에게 해 주실 수 있는데 하지 않으셨던 약속이 얼마나 많을지 상상해 보라. 그분은 즉각적인 성공을 약속하지 않으셨다. 질병이나 싸움의 부재를 약속하지 않으셨다. 수입과 인기를 보장하지 않으셨다. 하지만 성령님의 영원한 임재, 능력을 주시는 임재를 약속하셨다. 성령님은 그리스도인 삶의 중심이다. 사도행전부터 계시록 마지막까지 일어난 모든 것이 그리스도의 거룩한 영적 사역의 결과다. 성령님이 제자들에게 임하셨고, 그들 안에 거하셨고, 초대교회에 다가오는 도전에 직면하기 위해 필요한 힘을 공급해 주셨다. 어쩌면 당신도 그 힘을 이용할 수 있을 거다.

몇 년 전 내 다리가 좀 더 튼튼했을 때, 내 배가 좀 더 평평했을 때, 그리고 내 자아가 좀 더 컸을 때, 내 친구 패트가 나에게 자전거 경주에 함께 참가하자고 했다. 그것은 일반적인 자전거 경주가 아니었다. 경사 43도의 가파른 언덕을 2.4킬로미터나 오르는 것이 포함된 경주였다. 경주의 한 구간인 그 경사로는 안장에서 엉덩이를 떼야 하고, 허벅지에 더욱 힘을 가해야 하며, 10분 동안 숨을 헉헉대야 할 만큼 힘든 구간이었다. 그래서 이름도 딱 맞게 '킬러 딜러'(Killer Diller, 이례적인 일을 뜻함-역주)였고, 과대광고에 걸맞은 성과를 냈다.

나도 그 명성은 알고 있었다. 그럼에도 내가 등록한 이유는 내 자전거 친구인 패트가 내가 해낼 수 있다고 말했기 때문이다. 패트는 그렇게 말하는 것이 쉬웠을 거다. 그는 나보다 열다섯 살이나 어리고 초등학생 때부터 그 경기에 참가해 왔다. 그는 많은 사람이 여전히 잘 모르는 펠러톤(바람의 저항을 막기 위해 앞 선수 뒤에 바싹 붙어 무리 지어 달리는 것-역주)을 진작부터 타고 있었다. 내가 그 경주에 참가할지 망설일 때, 그는 "나를 믿어요, 맥스. 당신은 해낼 거예요."라고 나를 확신시켰다.

하지만 나는 해내지 못했다. 그 경기의 참가자들은 그리 멀리 뒤처지지 않은 나 같은 사람들을 남기고 빠른 속도로 앞서 갔다. 뱃살이 넉넉한 느림보인 우리는 오르막길 앞에서 농담을 주고받았다. 그러나 농담을 주고받는 일도 오래가지 못했다. 말하는 데에도 공기가 필요했기 때문이다. 우리는 오르막길을 달리기 위해 모을 수 있는 모든 공기를 모아야 했다. 나는 페달을 밟으며 씩씩대고 쌕쌕댔다. 그즈음 오르막이 시작됐다. 정상까지는 절반이나 남아 있었고, 내 허벅지에는 이미 불이 붙어 있었다. 내 친구 패트에 대해 그리 유쾌하지 않은 생각도 들었다.

그 순간 누군가 나를 미는 힘을 느꼈다. 어떤 손이 내 등을 밀고 있었다. 나는 몸을 돌려 쳐다봤다. 패트였다! 그는 이미 경주를 마쳤다. 내가 극도로 지쳐 있을 것을 예상하고 언덕을 급히 되돌아와서 자전거에서 내려 종종걸음으로 내게 손을 내밀었던 것이다. 그는 나를 언덕 위로 밀어 올리기 시작했다!(그가 나와 속도를 맞출 수 있었다는 사실로 내가 얼마나 느리게 페달을 밟고 있었는지 알 수 있다) "내가 말했죠? 당신이 해낼 거라고 했잖아요." 그가 소리쳤다. "당신이 확실히 해내게 하려고 왔어요."

성령님도 똑같은 일을 하겠다고 약속하신다. 예수님께서 승천하신 후, 성령님은 이 땅에서 삼위일체 하나님의 제1요원이 되셨다. 그분은 성부 하나님과 성자 하나님으로부터 시작된 일을 완수하실 것이다. 신격의 나타나심에서는 세 분 모두 적극적이시지만, 성령님은 이 말세에 선두에 서신다. 성령님은 우리를 밀어주시고(Push), 능력(power)과 연합(unity)과 감독(supervision)과 거룩(holiness)을 주겠다고 약속하신다. 당신도 누군가 밀어주는 도움이 필요한가?

그분은 성도에게 **능력**을 약속하신다. 지금도 창조물 뒤에서 생기를 불어넣고 계시다.

이것들은 다 주께서 때를 따라 먹을 것을 주시기를 바라나이다. 주께서 주신즉 그들이 받으며 주께서 손을 펴신즉 그들이 좋은 것으로 만족하다가 주께서 낯을 숨기신즉 그들이 떨고 주께서 그들의 호흡을 거두신즉 그들은 죽어 먼지로 돌아가나이다. 주의 영을 보내어 그들을 창조하사 지면을 새롭게 하시나이다(시 104:27-30).

피어 있는 모든 꽃은 하나님 영의 지문이다. "그가 만일 뜻을 정하시고 그의 영과 목숨을 거두실진대, 모든 육체가 다 함께 죽으며 사람은 흙으로 돌아가리라"(욥 34:14-15).

하나님의 영은 창조물에게 생명을 주는 힘이다. 더 의미심장하게 말하면 신자의 거듭남을 돕는 산파다.

예수님은 니고데모에게 이렇게 말씀하셨다.

진실로 진실로 네게 이르노니 사람이 물과 성령으로 나지 아니하면 하나님의 나라에 들어갈 수 없느니라. 육으로 난 것은 육이요 영으로 난 것은 영이니, 내가 네게 거듭나야 하겠다 하는 말을 놀랍게 여기지 말라. 바람이 임의로 불매 네가 그 소리는 들어도 어디서 와서 어디로 가는지 알지 못하나니, 성령으로 난 사람도 다 그러하니라(요 3:5-8).

신앙을 고백할 때 성령님께서 신자에게 들어가신다(엡 1:13). 그때부터 그리스도인은 하나님의 능력과 성품에 다가가게 된다. 성령님께서 신자들의 삶에 간섭하실 때 변화가 일어난다. 그들은 하나님이 생각하시는 대로 생각하고, 하나님이 사랑하시는 대로 사랑하고, 하나님이 바라보시는 대로 바라본다. 그들은 능력으로 사역하고, 능력으로 기도하며, 능력으로 동행한다.

이 능력에는 성령의 은사가 포함된다. "오직 성령의 열매는 사랑과 희락과 화평과 오래 참음과 자비와 양선과 충성과 온유와 절제니 이같은 것을 금지할 법이 없느니라"(갈 5:22-23).

사과나무 가지에 사과가 열리듯, 이 특성은 성도의 삶에 나타난다. 열매는 관계의 결과로 생겨난다. 나무에서 가지를 꺾으면 열매를 기대할 수 없다. 하지만 가지가 몸통에 붙어 있으면 영양분이 공급되어 결국 열매가 맺힌다.

성령의 열매도 마찬가지다. 우리와 하나님의 관계가 보장되고 반역, 죄, 고집의 방해를 받지 않을 때 우리는 열매를 추수할 수 있다. 강요하지 않아도 된다. 연결되어 있기만 하면 열매는 우리에게 저절로 떨어진다.

또한 우리는 지혜, 가르침, 병 고침, 예언, 설교와 같은(고전 12:8-10) 성령의 은사를 누릴 것이다. 바울은 가능한 은사들을 나열한 후에 "이 모든 일은 같은 한 성령이 행하사 그의 뜻대로 각 사람에게 나누어 주시는 것이니라"(고전 12:11)고 했다.

성령님은 각각의 성도를 아시고 개교회의 필요를 아신다. 특정 지역과 시기에 그 교회에 무엇이 필요할지에 따라 은사를 나눠 주신다. 은사가 발휘될 때 그 교회는 의도된 사역을 행할 능력을 부여받는다. 이런 이유로 우리는 다른 신자의 달란트나 다른 교회의 업적을 시기하지 않는다.

색소폰 연주자가 튜바 연주자를 부러워할까? 각각의 연주자가 자신의 파트를 연주하며 지휘자의 안내를 따라가는 오케스트라에서는 그런 일이 벌어지지 않는다. 교회도 마찬가지다. 구성원들이 각각의 은사에 따라 사역한 결과는 능력이다. 그리고 그 결과는 **연합**이다.

하나님의 거룩한 영은 날개를 활짝 편 어미 닭처럼 교회를 안전하게 모이게 한다. "평안의 매는 줄로 성령이 하나 되게 하신 것을 힘써 지키라"(엡 4:3). 성도들은 연합을 만들어 내는 게 아니라 성령님께서 제공해 주신 연합을 지킨다.

그러므로 조화는 언제나 선택이다. 왜냐하면 성령님은 언제나 임재하시기 때문이다. "난 아무개와는 같이 사역할 수 없어."라는 변명은 안 통한다. 당신은 그럴 수 없을지 모르지만 당신 안에 계신 성령님은 하실 수 있다.

친교가 항상 쉬운 건 아니지만 연합은 언제나 가능하다. 이와 다르게 말하는 것은 성령님께서 하고 싶은 바를 하실 수 없다는 것이다. 교회가 친교를 경험할 때마다 하나님의 영이 높임을 받는다. 교회가 갈등이나 분열을 경험할 때마다 하나님의 영은 상담과 조정을 요청받으신다.

> 몸은 하나인데 많은 지체가 있고 몸의 지체가 많으나 한 몸임과 같이 그리스도도 그러하니라. 우리가 유대인이나 헬라인이나 종이나 자유인이나 다 한 성령으로 세례를 받아 한 몸이 되었고 또 다 한 성령을 마시게 하셨느니라. 몸은 한 지체뿐만 아니요 여럿이니(고전 12:12-14).

성령님은 교회가 하나 되게 하신다. 그리고 교회를 **감독하신다.**

언젠가 아파트 단지를 감독하는 일을 하던 사람을 알게 되었다. 그에게 직업을 설명해 달라고 부탁하자 이렇게 말했다. "단지가 잘 돌아가게 유지하죠."

성령님도 교회를 위해 동일한 일, 아니 그 이상을 하신다. 그분이 무슨 일을 하시는지 구체적인 목록을 보고 싶은가?

- 신자들을 위로하심(행 9:31).
- 신자를 모든 진리로 인도하심(요 16:13).
- 장래의 일을 알리심(요 16:13).
- 중보의 간구를 하심(롬 8:26).
- 성도의 구원을 증언하심(갈 4:6-7; 롬 8:16).
- 표적과 기사들로 하나님의 임재를 증언하심

    (히 2:4; 고전 2:4; 롬 15:18-19).
- 진리(요 14:16-17), 지혜(신 34:9; 사 11:2), 자유(고후 3:17)의 신성한 분위기를 만드심.

성령님의 활동 목록은 다양하고 놀랍다. '**거룩한**'이라는 단어 없이는 불완전하다. 또한 하나님의 영은 우리를 거룩하게 만든다. 어쨌든 그분은 **거룩한** 영이 아니신가?

그분의 주된 활동은 우리를 죄에서 씻기고, 거룩한 사역을 위해 우리를 깨끗하게 하시는 것이다. 바울은 고린도 교인들에게 "주 예수 그리스도의 이름과 우리 하나님의 성령 안에서 씻음과 거룩함과 의롭다 하심을 받았"다는 것을 상기시켰다(고전 6:11).

빨래판에 옷을 비벼서 빠는 여인의 이미지를 본 적이 있다. 그 이미지가 성령님의 사역을 잘 보여 주는 것 같다. 그분은 흠도 티도 없을 때까지 우리를 비비신다. 그 결과 우리는 하나님의 임재 앞에 설 수 있다.

우리 구주 하나님의 자비와 사람 사랑하심이 나타날 때에 우리를 구원하시되 우리가 행한 바 의로운 행위로 말미암지 아니하고 오직 그의 긍휼하심을 따라 중생의 씻음과 성령의 새롭게 하심으로 하셨나니 우리 구주 예수 그리스도로 말미암아 우리에게 그 성령을 풍성히 부어 주사 우리로 그의 은혜를 힘입어 의롭다 하심을 얻어 영생의 소망을 따라 상속자가 되게 하려 하심이라(딛 3:4-7).

나의 자전거 경주 이야기에는 놀라운 끝맺음이 있다. 패트의 미는 힘 덕분에 나는 언덕을 올랐고, 내리막에서 기쁨을 느꼈고, 결승선을 통과했다. 패트의 지원 덕분이지만, 어쨌거나 나는 완주했다.

내가 패트의 도움을 거절했다면 어떻게 됐을까? 그의 도움에 저항했다면(그런 생각은 집어치워라!) 어떻게 됐을까? 내가 자전거를 멈추고 내려서 그에게 "나 혼자 할 수 있어. 고마워."라고 말하는 멍청이 짓을 상상할 수 있는가? 아니면 "이건 너에게도 너무 버거운 일이야, 패트. 아무도 킬러 딜러 언덕을 오를 수 없어."라고 말하며 나를 도울 수 있는 그의 능력을 부인하는 상상은 어떤가? 아니면 내가 "너는 사기꾼이야! 꺼져!"라고 말하며 패트를 고소하는 최악의 경우는?

패트에게 그런 식으로 반응하는 것은 정말 어리석은 짓이다. 성령님께 그런 식으로 반응하는 것은 훨씬 더 어리석은 짓이다.

바울이 갈라디아의 그리스도인들에게 물었다. "성령으로 시작하였다가 이제는 육체로 마치겠느냐"(갈 3:3). 에베소의 그리스도인들 역시 인간의 힘을 의지했다. 바울은 그들이 성령을 받았다고 설득했다. "약속의 성령으로 인치심을 받았으니"(엡 1:13). 그리고 "오직 성령으로 충만함을 받으라"(엡 5:18)고 권고했다. 흥미롭다. 구원받은 사람이 성령 충만하지 않을 수 있을까? 그런 자들이 에베소에 있었다.

예루살렘에도 있었다. 사도들이 교회에 집사들을 선발하라고 지시할 때 "형제들아, 너희 가운데서 성령과 지혜가 충만하여 칭찬 받는 사람 일곱을 택하라"(행 6:3)고 말했다. 성령 충만한 사람들이 선택되었다는 사실은 곧 성령이 부족한 자들이 있었다는 것을 암시한다. 우리는 성령님을 가질 수 있지만 그분이 우리를 갖게 하지는 못한다.

얼마 전 프린터 카트리지를 새로 교체했다. 그런데 종이에 아무런 글자도 인쇄되지 않았다. 30분쯤 지난 후에야 나는 카트리지 바깥에 붙어 있는 테이프를 떼어 냈다. 새 카트리지에는 잉크가 많았지만 테이프를 제거하기 전까지는 어떤 글자도 인쇄할 수 없었다.

당신의 삶에서 제거되어야 할 것이 있는가? 하나님의 영이 흔적을 남기시는 데 방해가 되는 요소는 무엇인가? 우리는 분노의 말과 반역 행위로 성령을 근심하게 하거나(엡 4:30-31; 사 63:10) 불순종으로 성령을 거스를 수 있다(행 7:51). 꾀를 부려서 성령을 시험하거나 성령에 반하는 모의를 할 수 있다(행 5:9). 심지어 하나님의 가르침을 무시함으로써 성령을 소멸시킬 수도 있다. "성령을 소멸하지 말며 예언을 멸시하지 말고"(살전 5:19-20).

직설적으로 묻겠다. 당신은 불순종을 고집하고 있는가? 누군가에 대한 용서를 거부하고 있는가? 증오를 품고 있는가? 고집스레 간음죄를 짓고 있는가? 부도덕한 활동은? 부정직한 습관은? 당신의 육신을 살찌우고 당신의 믿음을 무시하는가? 이에 대한 답이 "그렇다."라면 당신은 지금 당신 안에 계신 성령님을 소멸시키고 있는 것이다.

성령님의 능력을 원하는가? 그분의 지도와 힘을 원하는가? 그렇다면 "성령으로 행"하라(갈 5:25). 우리가 행군하는 악대라면 그분은 드럼 연주자이시다. 우리가 소대라면 그분은 부사관이시다. 우리가 순종하고 따른다면 그분은 지시하고 지도하신다.

나에게는 성령으로 행하도록 도와주는 신호가 있다. 우리는 "오직 성령의 열매는 사랑과 희락과 화평과 오래 참음과 자비와 양선과 충성과 온유와 절제"(갈 5:22-23)임을 안다. 이런 감정들은 우리의 영적 계기판의 바늘이다. 이 감정들을 느낄 때마다 우리는 성령으로 행하고 있음을 안다. 이 감정들이 부족할 때 성령의 길에서 벗어났음을 알 수 있다.

최근에 나는 성령님의 교정하시는 손길을 느꼈다. 편의점에 있는 친구에게 달려갔다. 그것은 내가 '이민'이라는 뜨거운 정치 문제에 관심이 있음을 알도록 도와주었다. 나는 심부름을 하러 가면서 라디오를 청취하고 있었다. 모든 라디오 프로그램이 최근에 내려진 연방법원의 판결을 놓고 여러 사람과 여러 의견을 나누었다.

내가 원한 것은 커피와 아침식사용 타코가 전부였다. 하지만 성령님은 내가 원한 것 이상을 주셨다. 나는 그곳에 있는 친구를 보고 반가

워서 악수를 하며 삶을 물었다. 그는 활기찬 사람이기에 언제나 농담도 잘하고 잘 웃었다. 하지만 그날은 아니었다. 왠지 침통해 보였다. 내게 이유를 말해 주지 않았고 나도 묻지 않았지만, 그 순간 성령님께서 내게 … **미는 힘**을 주셨다!

내가 그의 아내를 떠올렸을 땐 이미 문밖으로 나온 뒤였고, 한 손엔 커피, 한 손엔 자동차 열쇠가 있었다. 그녀가 불법체류자라는 건 나도 어느 정도 알고 있었다. 내가 어떻게 안 건지 기억이 잘 안 나지만, 어쨌든 나는 그 사실을 알고 있었다. 그리고 그와 이야기를 나눠야 한다는 것도 알았다.

하지만 나는 그러고 싶지 않았다. 첫 번째 이유는 전날 바쁜 하루를 보냈기 때문이고, 두 번째 이유는 뭐라고 말해야 할지 모르기 때문이었다. 게다가 그가 말하고 싶어 하지 않을 수도 있지 않은가? 그렇게 나에겐 이유가 있었지만, 성령님은 내 의견을 묻지 않으셨다. 그 충동이 너무 강한 나머지 그걸 무시하는 건 불순종 같았다.

그는 아직 가게 안에 있었다. 그래서 나는 다시 가게 안으로 들어갔다. "저기, 내가 … 어 … 그냥 좀 궁금하더라고. 온통 이민 얘기뿐이라서 그런데 … 너희들 잘 지내?" 그의 눈에 금세 눈물이 고였다. 그는 누가 보거나 듣지는 않는지 살피며 말했다.

"왜 물어?"

"그냥 궁금해서."

"사실 … 문제가 좀 있어."

그는 아내가 길거리에서 납치되어 멕시코로 돌려보내지지 않으려면 집 안에만 있게 하라는 말을 들었다고 했다. 그는 이미 이민 전문 변호사에게 돈을 뜯겼다. 그래서 그에겐 돈이 얼마 없었고, 선택의 여지도 없었다. 세상이 그를 대적하고 있다는 확신만 늘어 갔다.

나에게 몇 가지 아이디어가 떠올랐다. 감사하게도 일주일 안에 그는 정직한 상담가를 만났고, 비용을 지불할 재정을 얻었고, 밤에 잠을 잘 수 있는 평안을 얻었다. 모든 것이 성령님께서 내게 미는 힘을 주셨기 때문이다.

하나님께서 어떻게 이 사역을 하시는지는 정확히 모른다. 순서, 시간표, 속도는 우리에게 감춰져 있다. 우리가 아는 것은 "너희 안에서 행하시는 이는 하나님이시니 자기의 기쁘신 뜻을 위하여 너희에게 소원을 두고 행하게 하"신다는 것이다(빌 2:13). 무덤에서 돌을 밀던 손이 당신의 의심도 밀어낼 수 있다. 그리스도의 평온한 마음을 휘젓던 능력이 당신의 힘 빠진 신앙을 휘저을 수 있다. 사탄이 그분의 발꿈치를 잡게 하신 힘이 당신의 삶에서 사탄을 패배시킬 수 있고 또 패배시키실 것이다.

하나님의 영을 느끼고, 보고, 듣는 것을 당신의 목표로 삼으라. 다리가 두 개인 삼각대를 사용하겠는가? 바퀴가 두 개인 세발자전거는? 두 면짜리 프리즘은? 물론 다 아니다. 하나님께서 주신 모든 것을 이용하라. 당신의 마음을 다음의 약속에 고정시키라. "오직 성령이 너희에게 임하시면 너희가 권능을 받고"(행 1:8).

소망의 약속 되새기기

1. 성령님을 생각할 때 무엇이 떠오르는가? 어떤 종류의 이미지나 경험이 연상되는가?

2. 우리가 성령님에 대해 처음 읽게 되는 곳은 창세기 1장 2절의 창조 이야기다. "땅이 혼돈하고 공허하며 흑암이 깊음 위에 있고 하나님의 영은 수면 위에 운행하시니라." 성경에서 이렇게 일찍 성령님에 대해 언급되는 것이 성령님의 중요성에 대해 무엇을 말해 주는가?

3. 삼위일체 하나님은 성부, 성자, 성령으로 구성된다.
- 당신의 믿음에서 성부, 성자, 성령이 중심 역할을 하고 계신가? 왜 그런가?
- 삼위일체 중 누구에게 가장 자주 기도하는가? 왜 그런가?
- 성령님이 당신의 일상에서 적극적인 역할을 하시는가? 만약 그렇다면 그것이 어떤 방식으로 나타나는가? 만약 그렇지 않다면 왜 그런가?

4. 저자가 성령님이 우리와 어떻게 교통하시는지 묘사하기 위해 사용한 네 가지 단어는 무엇인가?

5. 에베소서 1장 13-21절을 읽으라.
- 이 구절은 우리 안에 있는 성령님의 능력을 무엇이라고 설명하는가?
- 에베소서 1장 19-20절은 그리스도를 죽은 자 가운데서 다시 살리신 것과 동일한 능력이 우리 안에 거하신다고 말한다. 당신은 이에 대해 어떻게 생각하는가? 그러한 사실이 믿어지는가, 아니면 잘 믿어지지 않는가? 왜 그런가?

6. 갈라디아서 5장 22-23절은 성령의 열매를 "사랑, 희락, 화평, 오래 참음, 자비, 양선, 충성, 온유, 절제"라고 열거한다.
- 이러한 열매를 어떻게 맺고 있는가?
- 우리가 성령의 열매를 맺도록 성령님이 어떤 역할을 하시는가?

7. 저자에 의하면 "성도들은 연합을 만들어 내는 게 아니라 성령님께서 제공해 주신 연합을 지킨다. 조화는 언제나 선택이다. 왜냐하면 성령님은 언제나 임재하시기 때문이다."

- 이 진술에 대해 어떻게 생각하는가?
- 신자들 간의 연합과 관련해서 당신은 어떤 경험을 했는가?
- 성령님께서 당신의 공동체에 어떻게 연합을 가져오실 수 있는가?

8. 요한복음 16장 12-15절을 읽으라.

- 이 구절은 제자도에서 성령님의 역할이 무엇이라고 말하는가?
- 성령님이 진리 안에서 우리를 어떻게 인도하시는가?
- 그리스도인으로서의 여정을 되돌아볼 때, 성령님께서 어떻게 당신에게 진리를 계시하셨는가?

9. 성령님은 우리에게 능력을 주신다. 성도들 간에 연합을 만들어 내시고, 우리를 진리로 인도하시며, 우리를 거룩하게 만드신다. '**거룩한**'의 또 다른 표현은 '**성화된**'이다. 고린도전서 6장 11절은 "주 예수 그리스도의 이름과 우리 하나님의 성령 안에서 씻음과 거룩함과 의롭다 하심을 받았"다고 말한다.

- '**성화된**'에 해당하는 헬라어는 "세속적인 것들로부터 구분하여 하나님께 바치다."라는 의미를 지닌다.[1] 성령님께서 당신의 삶 어떤 영역을 거룩하게 하셨는가?
- 고린도후서 3장 18절은 "우리가 다 수건을 벗은 얼굴로 거울을 보는 것같이 주의 영광을 보매 그와 같은 형상으로 변화하여 영광에서 영광에 이르니 곧 주의 영으로 말미암음이니라"고 말한다. 우리의 구원은 일회적 사건이지만, 더욱 거룩해지는 과정인 성화는 계속되는 사건이다. 당신의 삶 어느 영역이 아직 성화되지 않았는가?
- 때로 우리는 성화의 과정을 우리 자신이 맡으려 한다. 바울이 "성령으로 시작하였다가 이제는 육체로 마치겠느냐?"(갈 3:3)라고 말한 것과 같다. 당신의 삶에서 스스로 성화시키려고 애쓰는 영역이 있는가? 어떻게 그 과정을 성령님께 다시 맡겨 드릴 수 있는가?

10. 당신은 성령의 열매를 맺고 있는가? 사랑과 희락과 화평과 오래 참음과 자비와 양선과 충성과 온유와 절제를 실천하고 있는가? 아니면 성령의 열매가 부족한가? 시간을 들여 스스로를 평가해 보라.

- 당신의 삶에서 성령님이 일하시게 하는 곳은 어디인가?
- 당신의 삶에서 성령님이 일하시게 하지 않는 곳은 어디인가?

하나님의 약속

천하를 공의로 심판할 날을 작정하시고

사도행전 17:31

13
Unshakable Hope

정의가 이긴다

2012년 12월 14일, 일곱 살 대니얼 바덴은 일찍 깼다. 코네티컷 뉴타운의 어둑어둑한 하늘이 주홍빛으로 변해 가고 있었다. 크리스마스 조명이 동네 지붕의 윤곽을 비추었다.

"아름답지 않아요?"

대니얼이 그 장면을 사진으로 남기고 있는 아버지에게 물었다. 그 아침은 부드러운 순간들로 가득했다. 분주한 아침 시간을 보낸 대니얼은 갑자기 파자마와 슬리퍼 차림으로 도로를 향해 달려갔다. 등교하는 형을 안고 입 맞추기 위해서였다. 누나 나탈리가 떠나기 전에도 안아 주었다. 대니얼과 아빠는 피아노로 '징글벨'을 연주했다. 잠시 후에는 출근하시는 엄마와 인사하는 걸 놓치지 않으려고 입에 칫솔을

문 채 서둘러 계단을 내려왔다. 모든 것이 기쁨에 겨운, 걱정 없는 아침이었다.

그것이 대니얼의 마지막이 될 줄은 아무도 몰랐다. 그날 오전 샌디후크 초등학교에서 정신 착란의 총잡이가 스무 명의 어린이와 여섯 명의 어른을 쏘아 죽였고, 대니얼은 그 희생자 중 하나가 되었다.[1]

샌디후크 사건이 미국 역사상 첫 번째 대량 학살은 아니었다. 하지만 그 어느 때보다 잔인해 보였다. 그것은 어른들의 모임이 아니었다. 어린이 교실이었다. 전쟁 지역이 아니었다. 조용한 동네였다. 깡패들이 아니었다. 책가방을 메고, 간식을 먹고, 산타클로스를 사랑하는 초등학생 어린이들이었다. 공포의 울부짖음과 너무도 안 어울리는, 크리스마스 시즌이었다.

어린이는 그런 죽음을 당하면 안 되는 거다. 그 아이들의 부모들 또한 그런 슬픔을 당하면 안 되는 거다. 그래서 우리는 너무도 당연한 명언을 받아들였다. "인생은 공평하지 않다."

당신은 언제 **"불공평해!"**라는 말을 배웠는가? 어떤 사건이 당신에게 인생의 저울이 불균형하다는 걸 깨우쳐 주었는가? 자동차 사고로 아버지를 여의었는가? 친구들이 당신을 잊었는가? 선생님이 당신을 무시했는가? 어떤 어른이 당신을 학대했는가? 시편 기자처럼 "주여, 어느 때까지 관망하시려 하나이까?"(시 35:17)라고 기도한 적이 있는가? 선지자처럼 "악한 자의 길이 형통 …함은 무슨 까닭이니이까?"(렘 12:1) 라고 처음으로 하나님께 여쭌 것이 언제였는가?

정녕 왜일까? 왜 마약판매상들이 부자가 될까? 왜 성범죄자들이 가벼운 처벌만 받고 넘어갈까? 왜 협잡꾼들이 당선될까? 왜 살인자들이 풀려날까? 왜 사기꾼들이 빠져나갈까? 왜 악당들이 상을 받을까? 왜 위선자들이 선택될까? 언제까지 불법이 성행할까?

하나님의 대답은 단호하다. 그날이 멀지 않다고 말이다. 성경은 어두운 약속을 계시한다. "천하를 공의로 심판할 날을 작정하시고"(행 17:31).

하나님은 하릴없이 앉아 있지 않으신다. 빈둥거리지도 않으신다. 달력을 한 장씩 넘길 때마다 하나님께서 공의로 천하를 심판하실 날이 가까워진다. '작정하다'는 '선발하다'라는 뜻이다.[2] 심판의 날이 정해졌다. 시간이 표시되었고 순간이 예약되었다. 심판은 가능성이 아니라 냉엄한 현실이다.

'심판의 날'은 인기가 없는 용어다. 우리는 위대한 결산의 시간에 대한 이미지를 싫어한다. 참 아이러니하다. 우리는 심판을 경멸하면서도 정의를 높이 사는데, 사실 전자가 없이는 후자가 불가능하다. 그런 이유로 "우리가 다 반드시 그리스도의 심판대 앞에 나타나게 되어 각각 선악간에 그 몸으로 행한 것을 따라 받"는다(고후 5:10).

재판석에 해당하는 헬라어는 **베마**(béma)다. 이 용어는 회기 중인 법정의 외연을 나타낸다. 판사가 있고 판결문이 선포되는 곳 말이다. "총독이 재판석(béma)에 앉았을 때에"(마 27:19). 요한의 계시록에서는 재판석을 "크고 흰 보좌"라고 부른다.

또 내가 크고 흰 보좌와 그 위에 앉으신 이를 보니 땅과 하늘이 그 앞에서 피하여 간 데 없더라. 또 내가 보니 죽은 자들이 큰 자나 작은 자나 그 보좌 앞에 서 있는데 책들이 펴 있고 또 다른 책이 펴졌으니 곧 생명책이라. 죽은 자들이 자기 행위를 따라 책들에 기록된 대로 심판을 받으니(계 20:11-12).

이 심판은 천년왕국 이후, 사탄과 그 짐승과 거짓 선지자가 불못에 던져진 후에 있다(계 20:7-10). 모든 사람의 선하고 악한 행실이 기록된 책이 펼쳐지고(12절), 그에 따라 하나님께서 각 사람을 상 주거나 벌하실 것이다.[3]

또 다른 책, 곧 생명책은 각 사람의 영원한 운명을 드러낸다. 구속받은 하나님 자녀의 이름이 이 책에 나타난다. 그것은 "창세 이후로"(계 17:8) 하나님에 의해 새겨졌다. 그 이름이 "생명책에 기록되지 못한 자"는 누구든지 "불못에 던져"질 것이다(계 20:15).

크고 흰 보좌에서의 심판이 최후 심판임이 분명한 상황에서 그리스도인들은 누가 심판받을 것이냐를 놓고 의견이 분분하다. 어떤 그리스도인들은 서로 다른 세 가지 심판이 있을 거라고 믿는다. 열방에 대한 심판(마 25:31-46), 종종 "그리스도의 심판대(béma)"로 언급되는 신자들의 행실에 대한 심판(고후 5:10), 그리고 불신자들이 그들의 행실에 따라 심판받고 불못의 영원한 형벌이 선고되는, 천년왕국 끝에 있는 크고 흰 보좌의 심판(계 20:11-15)이다.

어떤 성경학자들은 세 가지 심판을 주요 심판의 요소로 본다. 즉 심판의 횟수와 무관하게, 모든 것이 포함된 최후의 결산이 있을 것이다. 모든 불신자는 그리스도에 의해 심판받을 것이다. 모든 신자는 그리스도를 통해 심판받을 것이다. 불신자들은 형벌을 받을 것이고, 신자들은 은혜로 구원받고 그들의 행실에 대해 칭찬을 받을 것이다(마 16:27).

보좌에 앉으신 예수님은 영원토록 공정함을 판단하는 저울의 균형을 맞추실 것이다. 다음의 세 가지 선포를 통해 그렇게 하실 것이다.

1. 그리스도께서 자기 백성을 공적으로 사면하실 것이다

바울은 고린도 교인들에게 "우리가 다 반드시 그리스도의 심판대 앞에 나타나게"(고후 5:10) 될 것이라고 선포했다. "우리"란 모든 인류를 포함한다. 여기서 바울은 자기 이름조차 제외시키지 않았다. 우리도 그럴 수 없다.

물론 제외시키고 싶을 거다. 이것이 "하나님이 예수 그리스도로 말미암아 사람들의 은밀한 것을 심판하시는 그날"(롬 2:16)임을 묵상할 때 더욱 그렇다. 난 당신이 나의 은밀한 생각을 듣게 되는 걸 원치 않는다. 우리 교회 교인들이 내가 두려워했던 설교, 혹은 내가 피했던 대화를 알게 되는 걸 원치 않는다. 그런데 왜 그리스도께서는 모든 행실과 그리스도인의 마음속의 모든 욕망을 드러내시는가? 공의를 위해서다. 그분은 모든 죄가 용서되었음을 선포하셔야 한다.

하나님은 예수님을 통해 판결문을 걸러 내신다. 신자들은 판사 앞에 홀로 서지 않을 것이다. 예수님께서 우리 옆에 계실 것이다. 그래서 죄가 드러날 때, 용서도 드러난다.

"맥스는 선생님에게 거짓말했다."
예수님이 말씀하신다. "제가 그의 형벌을 받았습니다."
"맥스는 진리를 왜곡했다."
예수님이 말씀하신다. "제가 그 죄를 위해 죽었습니다."
"맥스는 거듭 불평했다."
예수님이 말씀하신다. "압니다. 제가 그를 용서했습니다."

모든 신자의 모든 죄가 선언되고 사면될 때까지 낭독은 계속될 것이다. 아마도 당신은 이렇게 생각할 것이다. '오래 걸리겠군.' 그렇다. 진짜 오래 걸릴 거다. 하지만 천국에는 다른 시간 형태가 있을지 모른다. 그렇지 않다면 우리는 계속 세상에 남아 있을 거다. 하나님의 공의는 자세한 회계 정리를 요구한다. 하나님은 그분의 새로운 나라에서 일말의 불법도 허락하지 않으실 것이다. 모든 백성은 모든 죄가 표면에 드러나고 사면되는 걸 알게 될 것이다. 은밀한 비밀이나 숨겨진 과거가 있다면 천국이 될 수 없다.

하지만 당신은 당황하지 않을 것이다. 오히려 깜짝 놀랄 것이다. 용서받은 죄 목록이 길어질수록 당신의 경외심이 커질 것이다.

내 친구가 판사로부터 무죄 선언을 받았을 때 느꼈던 감정을 당신은 하나님 앞에서 느끼게 될 것이다. 내 친구는 연방정부로부터 66가지 소인(訴因)으로 기소당했다. 그 재판은 괴롭게도 3주간이나 계속되었다. 유죄가 확정되면 내 친구는 여생을 감옥에서 보내야 했을 거다.

그에게서 문자가 왔을 때 나는 어딘가로 이동하는 중이었다. '배심원들이 돌아왔습니다. 판결문을 낭독하겠습니다.'

다음 문자가 오기를 기다렸다. 기다리고 또 기다렸다. 도무지 안절부절 못했다. 그 사건을 돕고 있는 변호사에게 문자를 보냈다. '왜 이렇게 오래 걸려요?' 그는 이렇게 답했다. '판사가 각각의 기소 사항에 대해 판결문을 줘야 해요. 하나씩 말이죠. 법정 기록은 각 고소 건에 대한 영구 기록을 요구합니다.'

결국 판결문을 모두 낭독하는 데 20분이나 걸렸다. 내 친구는 판사가 '무죄'임을 예순여섯 번 선포할 때까지 서 있었다. 모든 배심원이 판사의 말을 들었다. 법률팀도 들었다. 법정을 가득 메운 사람들도 들었다. 고소인들도 들었다. 법정 속기사도 들었다. 만약 그 방에 청소팀이 있었다면 그들도 들었을 것이다. 판결문에 질문이 있지 않은 한, 법정은 각각의 기소에 대해 동일한 말을 기록했다.

무죄!

무죄!

무죄!

하나님은 당신과 나에게 공적으로 무죄를 선포하신다고 약속하신다. 우리는 우리의 인생이 복기되는 동안 심판자 앞에 서 있을 것이다. 각각의 죄에 대해 하나님께서 용서를 선포하실 것이다. 사탄이 그 판결문을 들을 것이다. 성도들이 들을 것이다. 귀신들도 들을 것이다. 천사들도 들을 것이다.

무죄!
무죄!
무죄!

그 결과 공의가 가득한 천국이 될 것이다. 어떤 성도도 다른 성도를 의심의 눈초리로 보지 않을 것이다. 어떤 성도도 자기 과거를 죄로 여기지 않을 것이다. 모든 것이 공개되고, 모든 것이 용서된다. 용서받은 죄를 공적으로 전시하게 되면, 우리 구주에 대한 영원한 감사가 솟아날 것이다. 구주께서 자기 백성을 공적으로 사면하시기 때문이다.

2. 그리스도께서 자기 종들의 섬김을 칭찬하실 것이다

"그가 어둠에 감추인 것들을 드러내고 마음의 뜻을 나타내시리니, 그때에 각 사람에게 하나님으로부터 칭찬이 있으리라"(고전 4:5).

하나님은 당신이 매일 매 순간 인생을 살아 내게 하시며 칭찬에 칭찬을 거듭하신다. "버스에서 자리를 양보했구나. 잘했다. 같은 반에 있는 새 친구에게 인사했구나. 멋지다. 네 동생을 용서하고, 이웃을 격려했구나. … 맥스가 설교하는 동안 깨어 있었구나. 난 네가 정말 자랑스럽다."

"하나님은 불의하지 아니하사 너희 행위와 그의 이름을 위하여 나타낸 사랑으로 이미 성도를 섬긴 것과 이제도 섬기고 있는 것을 잊어버리지 아니하시느니라"(히 6:10). 우리의 공의로운 하나님은 신실한 청지기를 인정해 주실 것이다. 당신이 이 땅에서 그분을 섬기기 위해 당신의 보물을 드린다면, 그분은 천국에서 더 많은 보물을 주실 것이다. 그분의 영광을 위해 당신의 달란트를 드린다면, 그분은 당신에게 더 많은 달란트를 주실 것이다. 우리의 불순한 생각을 기록하는 펜이 우리의 순결한 생각도 기록한다!

게다가 결승선에서 누가 당신을 기다릴지 생각해 보라. 예수 그리스도시다. "잘하였도다, 착하고 충성된 종아! 네가 적은 일에 충성하였으매 내가 많은 것을 네게 맡기리니"(마 25:23).

내 친구 댄은 열정적인 달리기 선수다. 우리는 함께 수 킬로미터를 달리곤 했지만, 내가 나이 들고 그가 더 강해지면서 달리기는 나에게 그저 건강 잡지에 나오는 주제 정도에 불과해졌다. 댄은 뉴욕 플래시드 호에서 열리는 아이언맨 3종 경기를 완주하러 갔다. 그것은 전 세계 아이언맨 이벤트 중에서 사람들의 참여율이 가장 두드러진 행사였다. 경기의 마지막 몇 킬로미터는 고등학교 스타디움 트랙을 달리는 것이었다. 플래시드 호의 주민들은(인구가 2만 5천 명이다) 오직 완주자들을 응원하기 위해 야외 관람석을 가득 메웠다. 그들은 승자를 축하하기 위해 이른 오후에 도착했고, 뒤처진 선수들을 기다리기 위해 밤까지 머물렀다. 해가 지고 나서도 스타디움에 도착하지 못한 선수가 상당히 많았다.

댄도 그중 하나였다. 그는 그날 아침 8시부터 수영, 자전거, 달리기를 했다. 다리에 경련이 일어났고, 발이 몹시 아팠다. 그의 내면에 있는 모든 것이 그만 끝내라고 이야기했다. 하지만 그때 환호성을 들었다. 스타디움까지는 아직 수 킬로미터가 남았지만, 그는 운집한 군중들의 응원소리를 들었다.

댄은 속도를 높였다. 멀리서 스타디움의 불빛을 볼 수 있었다. 다리의 통증을 잊고 마음속 흥분을 느꼈다. "거의 다 왔어!"

30분 후 그는 스타디움 주차장에 이르렀다. 이제는 귀청이 터질 듯한 소리가 들렸다. 그는 등을 쭉 펴고 깊은 숨을 들이마신 뒤 입구로 들어섰다. 확성기를 통해 "그리고 텍사스 샌안토니오에서 온, 댄 스미스!"라는 소리를 들었다.

장내가 떠나갈 듯했다! 한 번도 본 적 없는 사람들이 그의 이름을 부르고 있었다. 작은 꼬마들이 연호했다. "댄! 댄! 댄!" 고통이 사라졌다. 피곤함도 잊었다. 그는 수많은 증인 무리에 둘러싸여 있었다.

당신도 그렇다. 귀 기울여 들어보라. 그러면 하나님의 자녀들이 당신을 응원하는 소리를 들을 것이다. 노아가 그들 중에 있다. 예수님의 어머니 마리아도 있다. 당신의 초등학교 선생님도 당신의 이름을 부르고 있다. 당신이 전혀 몰랐던 삼촌도 당신을 응원한다. 1세기 순교자들의 응원이 들리는가? 중국 가정교회 지도자들이나 18세기 아프리카 선교사들은 어떤가? 우리 중 어떤 사람들은 관중석에서 엄마와 아빠, 형제와 자매, … 심지어 자녀의 응원도 들을 수 있다. 그들은 "구름같이 둘러싼 허다한 증인들"(히 12:1)의 일부다.

하나님은 당신의 선함을 기록하고 보상하신다. 그렇게 하시는 것이 공정하다. 그분은 공의의 하나님이시기에 자기 백성의 사면을 선포하실 것이고, 자기 종들의 섬김을 칭찬하실 것이며….

3. 그리스도께서 악인들의 소원을 존중하실 것이다

어떤 사람들은 "하나님을 너무도 잘 알고 있었지만 그분을 하나님으로 대하지 않았고, 그분을 경배하기를 거부했습니다. … 심지어 그들은 온 세상을 손에 붙들고 계신 하나님의 영광을, 어느 길거리에서나 살 수 있는 싸구려 조각상들과 바꾸어 버렸을 정도입니다"(롬 1:21, 23, 메시지성경). 이런 사람들도 하나님 앞에 서게 될 것이다. 그들은 왕이신 하나님을 멸시하고 그분의 백성들을 상하게 하며 평생을 보냈다. 그들은 하나님의 이름을 모욕했고 이웃의 삶을 비참하게 만들었다.

공의로우신 하나님은 하나님을 거부한 자들의 소원을 존중하실 게 틀림없다. 우리의 사법제도도 비록 약점이 많지만 피고인에 대한 변호를 강제하지 않는다. 피고에게는 변호사가 주어지지만 그가 만약 판사 앞에 혼자 서겠다고 하면 그것을 허락한다.

하나님도 그러신다. 하나님은 자기 아들을 변호사로 제공하신다. 심판 때 예수님은 각 사람 옆에 서실 것이다. 단, 그분을 거부한 자들은 예외다. 그들의 행위가 낭독될 때, 하늘의 법정에는 침묵만이 흐를 것이다.

"너는 나의 존재를 부인했다." 침묵.

"너는 나의 자녀를 학대했다." 침묵.

"너는 나의 이름을 모욕했다." 침묵.

"너는 나의 경고를 무시했다." 침묵.

"너는 나의 아들을 거절했다." 침묵.

어떤 반응이 주어질까? 어떤 변호가 제공될까? 하나님이 옳다. 하나님이 공의로우시다. 천국과 지옥의 어느 누구도 "저주를 받은 자들아, 나를 떠나 마귀와 그 사자들을 위하여 예비된 영원한 불에 들어가라"(마 25:41)는 선포가 들릴 때 재판관을 불의하다고 고소하지 못할 것이다.

정의가 이긴다. 이 약속이 당신에게 중요하지 않을지 모른다. 어떤 사람들은 인생이 공정하고 정의롭다고 느낄 것이다. 만약 당신이 그런 사람이라면 당신은 참으로 복 받은 사람이다. 하지만 매일 분노와 싸워야 하는 사람들도 있다. 그들은 강도당했다. 악한 사람들이 그들이 사랑하는 사람들과 보내는 나날을 도둑질해 갔기 때문이다. 질병이 육신에게서 건강을 서서히 빼앗아 갔기 때문이다. 그들은 공의가 반드시 이루어져야 한다고 믿는다.

나는 후자에 속한 사람 중 하나다. 내 형은 강도당했다. 알코올이 그의 인생에서 기쁨을 강탈해 갔다. 쉰일곱의 3분의 2에 해당하는 세월 동안 그는 술병과 싸웠다. 그가 치른 대가는 가족, 재정, 친구였다. 그가 무죄는 아니다. 나도 안다. 그는 술을 샀고 그런 인생을 선택했다. 하지만 내가 확신하는 것은 사탄이 특별한 똘마니 부대를 보내 그를 유혹하는 임무를 주었다는 것이다. 그들은 내 형의 약점을 발견하고 공세를 늦추지 않았다. 그들은 내 형을 두들겨 패서 그의 자제력을 고장 내 버렸다.

나는 사탄이 내 형에게 저지른 죗값을 치르는 걸 볼 준비가 되어 있다. 그 순간을 손꼽아 기다린다. 내가 형 옆에 서 있을 때 우리의 몸이 구속되고 영혼이 보장되는 순간을 말이다. 우리는 사탄이 묶이고 사슬에 매여 불못에 던져지는 것을 볼 것이다. 그때에 우리는 사탄이 가져갔던 것을 되찾기 시작할 것이다.

(하나님께서) 천하를 공의로 심판할 날을 작정하시고 (행 17:31).

이 언약이 당신이 이 험한 세상에서 느낀 분노를 누그러뜨리게 하

라. 모든 세대가 파괴되고 피로 더럽혀졌다. 지구상에 더럽혀지지 않은 땅이 1제곱미터라도 있을까?

후투족은 팔십만 명을 학살했다. 특히 투치족을 죽였다. 히틀러는 육백만 명의 유대인과 오십만 명의 집시를 몰살시켰다. 미국의 폭탄은 히로시마와 나가사키를 황폐화시켰다. 일본인들은 미국 병사들을 고문했다. 자살 폭탄이 바그다드에서 폭발했고, 대량 학살이 샌디후크 초등학교를 파괴했다.

악이 번영하는 것은 옳지 않다. 공의롭지 않다. 공정하지 않다. 악한 사람들이 벌을 받지 않거나 불법이 해결되지 않으면 어떻게 될지 의심할 때, 다음의 약속이 정의에 대한 당신의 욕구를 만족시키게 하라. 하나님의 최후통첩은 이것이다. "하나님은 의로우신 재판장이심이여 매일 분노하시는 하나님이시로다"(시 7:11).

그때까지 수단의 딘카 마을 여인들의 모범을 따르라. 정부를 등에 업은 군인들이 마을을 유린하고 일백 명 이상을 죽이고 잔혹한 행위를 했다. 이슬람 근본주의자들이 강한 자들을 체포했고, 약한 자들을 버렸으며, 집을 불태웠고, 농작물을 파괴했다.

하지만 공포가 소망을 낳았다. 남은 생존자들, 살해되고 실종된 자들의 아내와 어머니들이 나뭇가지를 모아 작은 십자가 형태로 묶었다. 시체를 땅에 묻고 상실을 애도하기 전에 그들은 그 십자가를 땅에 꽂았다. 슬픔의 기념비가 아니라 소망의 선포였다. 그들은 예수님의 제자들이었다. 십자가 모양의 나뭇가지는 그런 비극의 뜻을 이해할

수 있고 반드시 이해하실, 살아계신 하나님에 대한 그들의 믿음을 표현했다.[4]

당신의 비극도 동일하게 대하라. 그 비극을 십자가 그늘 아래 두고 기억하라. 하나님은 불의를 알고 계신다. 모든 잘못된 것을 바로잡으실 것이고 모든 상한 자를 치유하실 것이다. 그분은 인생이 마침내, 그리고 영원히 정의로울 장소를 준비하고 계시다.

소망의 약속 되새기기

1. 당신의 인생에서 공정하지 않았던 사건을 설명해 보라. 그 사건이 당신에게 어떤 느낌을 주었는가? 그 사건이 하나님을 바라보는 시각에 어떤 영향을 미쳤는가?

2. 이번 장을 읽기 전에는 심판의 날에 대해 어떻게 생각했는가?

   - 어릴 때부터 교회에 다녔다면, 당신의 교회는 하나님의 심판을 자주 언급했는가? 만약 그렇다면, 당신은 그 메시지를 어떻게 받아들였는가?
   - 하나님의 심판에 대해 들어 보지 못한 채 자랐다면, 이번 장을 통해 그 메시지를 어떻게 받아들이게 되었는가?

3. 마태복음 12장 36절, 사도행전 17장 30-31절, 로마서 14장 10절, 고린도후서 5장 10절, 요한계시록 20장 11-12절과 같이 하나님의 심판에 대해 기록한 성경구절을 읽으라.

   - 심판의 날은 언제인가?
   - 누가 심판하는가?
   - 어떻게 심판받는가?

4. 공의와 심판의 개념은 양날의 칼과 같다. 한편으로는 하나님께서 우리에게 잘못한 자들을 심판하신다는 소망이 되고, 다른 한편으로는 우리 역시 심판을 받게 되므로 우리를 매우 불안하게 만든다. 이런 긴장감에 대해 어떻게 느끼는가?

5. 그리스도는 우리의 심판에서 어떤 역할을 하시는가?(롬 2:16 참고)

6. 우리는 우리 옆에 계신 그리스도와 함께 심판대 앞에 설 때에만 완벽하게 용서받을 수 있다. 당신은 이와 같은 하나님의 용서를 온전히 확신하는가?

   - 만약 그렇지 않다면, 당신은 여전히 어떤 죄나 앙금을 가지고 있는가?
   - 당신의 삶 어떤 부분이 아직 용서받지 못했다고 생각하는가?

7. 저자는 최후 심판날에 우리의 잘못만 심판받을 뿐 아니라 우리의 선행도 인정받을 거라고 밝힌다. 히브리서 6장 10절은 "하나님은 불의하지 아니하사 너희 행위와 그의 이름을 위하여 나타낸 사랑으로 이미 성도를 섬긴 것과 이제도 섬기고 있는 것을 잊어버

리지 아니하시느니라."라고 기록되었다.

- 선행을 하고 인정받지 못한 적이 있는가? 인정해 주기를 기대했지만 받지 못한 것인가? 어떤 상황이었는가? 선행을 인정받지 못하여 실망스러웠는가?
- 하나님께서 당신의 모든 행동을 보고 계심을 안다면, 비록 그것을 인정받지 못한다 해도 어떤 점에서 선행을 하려는 동기가 부여되는가?

8. 달란트 비유는 주인에게서 돈을 위탁받은 세 종의 이야기다. 마태복음 25장 14-30절에서 이 비유를 읽으라.

- 여기에서 달란트는 무엇을 상징하는가?
- 자기의 달란트를 불린 두 종의 행동은 무엇을 상징하는가?
- 자기의 달란트를 땅에 묻었던 마지막 종의 행동은 무엇을 상징하는가?
- 주인이 "무릇 있는 자는 받아 풍족하게 되고 없는 자는 그 있는 것까지 빼앗기리라"(마 25:29)고 말한 의미는 무엇인가?

9. 달란트 비유에서 주인은 두 종에게 "잘하였도다. 착하고 충성된 종아 네가 적은 일에 충성하였으매 내가 많은 것을 네게 맡기리니 네 주인의 즐거움에 참여할지어다"(마 25:21, 23)라고 말했다. 우리 모두가 심판날에 이런 말을 듣기 원한다.

- 예수님께서 당신을 어떻게 칭찬하시길 소망하는가? 당신은 무엇에 충성하고 싶은가?
- 하나님께서 당신에게 하나님 나라를 위해 사용할 수 있는 어떤 선물을 주셨는가? 당신이 받은 것으로 어떻게 더 충성할 수 있는가?

10. 약속의 사람은 심판날을 두려워할 이유가 없다. 그리고 하나님께서 모든 일을 정의로 바로 세우실 것을 믿을 수 있다.

- 당신은 하나님의 심판을 두려워하는가? 그 두려움에 대해 하나님과 대화하는 시간을 가지라.
- 당신의 삶에 공의, 혹은 하나님의 심판이 필요하다고 믿는 상황이나 사람이 있는가? 그 사람이나 상황을 그리스도께 가져가라. 당신이 더 이상 그 무게를 감당하지 않도록 그 상황을 하나님의 주권적인 심판 아래 복종시키게 도와 달라고 구하라.

하나님의 약속

우리가 이 소망을 가지고 있는 것은
영혼의 닻 같아서 튼튼하고 견고하여
히브리서 6:19

14
Unshakable Hope

흔들리지 않는 약속,
흔들리지 않는 소망

애들을 씻기고 잠자리에 들여보낸 후, 싱글맘은 한참 동안 여러 청구서와 가계부의 잔고를 응시했다. 시급한 것이 너무 많아서 뒤로 미룰 만한 게 별로 없었다.

친구들에게 차례로 전화를 걸었다. 도움을 얻을 수 있는 모든 사람에게 돈을 꾸었다. 돈을 더 벌고 싶지만 남은 시간이 충분치 않았다. 그녀는 작은 아파트 창문 밖을 응시하면서 어디로 돌아가야 할지 생각했다.

ICU(집중치료실-역주)에 피로에 지친 한 남자가 있다.

그는 자신의 유일한 사랑 곁에 서 있다. 그는 그녀 없이 보낸 날을 기억할 수 없다. 그들은 아주 젊을 때 결혼했다. 그는 이 여인의 마음

만큼 순수한 것을 알지 못한다. 그는 그녀의 얼굴에 기대어 그녀의 하얀 머리칼을 쓸어 넘겼다. 반응이 없다. 의사는 작별인사를 하라고 했다. 이제 남편에겐 소망이 없다.

사무실 구석 큰 책상 뒤에 앉아 있는 CEO는 어떤가?

그의 악수는 굳건하다. 그의 목소리는 자신감 있다. 하지만 그의 태도에 속지 마라. 지급 능력을 제트기에 비유한다면 그의 지급 능력은 지금 추락 중이다. 은행 담당자가 만나자고 한다. 회계사는 그만두고 싶어 한다. 그에게 소망이 있을까? 해변으로 가는 기차를 탔는지 일주일째 소망이 보이지 않는다.

당신은 그 느낌을 안다. 사실 우리 모두가 안다. '컵에 물이 반이나 남았다'는 낙천적인 사람들, '태양은 내일도 떠오를 것이다'라는 가사를 핸드폰 벨소리로 사용하는 사람들조차 그 느낌을 안다.

때때로 우리는 소망을 잃는다. 그럴 때 어디로 돌아가야 할까?

나는 다음의 지극히 크고 소중한 약속으로 돌아갈 것을 제안한다. "우리가 이 소망을 가지고 있는 것은 영혼의 닻 같아서 튼튼하고 견고하여 휘장 안에 들어가나니, 그리로 앞서 가신 예수께서 멜기세덱의 반차를 따라 영원히 대제사장이 되어 우리를 위하여 들어가셨느니라"(히 6:19-20).

첫 번째 문장의 핵심 단어를 보라. 바로 **닻**과 **영혼**이다.

당신은 닻이 무엇인지 알 것이다. 끝이 뾰족하고 철로 만들어진 주물을 붙잡아 봤을 거다. 어쩌면 배에서 물속으로 닻을 던진 후 그 도구가 어딘가에 정착하여 팽팽하게 당겨지는 것을 느껴 봤을지도 모르겠다.

닻은 한 가지 목적을 지닌다. 배를 고정시키는 거다. 악천후의 돌풍을 극복하려면 좋은 닻이 필요하다. 뽀빠이의 팔뚝에 새겨진 문신 같은 닻이 필요하다. 양쪽이 뾰족한 강한 닻 말이다. 폭풍우보다 강한 물체에 안전하게 걸 수 있는 닻이 필요하다. 당신에게도 그런 좋은 닻이 필요하다.

왜일까? 왜냐하면 당신에겐 값비싼 배가 있기 때문이다. 당신에겐 영혼이 있다. 하나님께서는 아담에게 생기를 불어넣으실 때 산소 이상을 주셨다. 생령이 되게 하신 거다. 하나님은 아담에게 영혼을 주셨다.

영혼은 당신을 애완 금붕어와 구별해 준다. 당신과 금붕어 모두 먹는다. 둘 다 눈과 스케일(scales)이 있다. 금붕어는 피부의 비늘(scales)로, 당신은 욕실 바닥의 저울(scales)로 말이다.

하지만 이렇게 비슷해도 둘 사이엔 엄청난 차이가 있다. 그것은 바로 영혼이다.

영혼 때문에 당신은 당신이 왜 여기에 있는지 궁금해한다. 영혼 때문에 당신은 당신이 어디로 갈지 궁금해한다.

영혼 때문에 당신은 옳고 그른 일을 놓고 씨름하고, 다른 사람들의 삶을 평가하고, 애국가를 부르면서 목이 메고, 아기를 보며 눈가를 적신다.

금붕어는 그런 일들을 하지 않는다. 당신의 영혼은 당신을 동물과 구별해 주고 하나님과 연합하게 해 준다.

또한 당신의 영혼에는 닻이 필요하다. 당신의 영혼은 부서지기 쉽다. 죽음의 고통을 느끼고, 질병의 문제를 안다. 당신의 간은 종양으로 고통당할지 모르지만, 당신의 영혼은 많은 문제들로 고통당한다. 그러므로 당신의 영혼은 닻이 필요하다. 폭풍우보다 더 견고한 갈고리 말이다.

이 닻은 고정되어 있다. 배나 사람이나 물건에 고정된 것이 아니다. 이 닻은 "휘장 안에" 고정되어 있다. 그것은 "그리로 앞서 가신 예수께서 멜기세덱의 반차를 따라 영원히 대제사장이 되어 우리를 위하여 들어가셨"던 곳이다(히 6:20).

달리 말하면, 우리의 닻은 하나님의 보좌가 있는 방에 고정되어 있다. 우리는 그 닻이 보좌 자체에 붙어 있을 거라고 상상할 수 있다. 그 닻은 결코 빠질 수 없다. 닻에 묶인 밧줄도 결코 끊어지지 않을 것이다. 닻은 고정되어 있고, 밧줄은 튼튼하다.

왜일까? 그것이 사탄의 손이 닿을 수 없는 곳에, 그리스도의 돌보심 아래에 있기 때문이다. 아무도 당신의 그리스도를 데려갈 수 없기에 아무도 당신의 소망을 가져갈 수 없다.

비평가들이 당신의 정체성을 정의할까? 아니다. 왜냐하면 하나님께서 "우리의 형상을 따라 우리의 모양대로 우리가 사람을 만들고"(창 1:26)라고 말씀하셨기 때문이다. 거기에는 당신도 포함된다.

삶의 도전들이 당신의 힘을 고갈시킬 수 있을까?

아니다. 왜냐하면 "자녀이면 또한 상속자 곧 하나님의 상속자요 그리스도와 함께한 상속자"(롬 8:17)이기 때문이다. 당신은 가문의 재산을 공유할 수 있다.

당신은 환경의 희생양일까?

전혀 아니다. "의인의 간구는 역사하는 힘이 큼이니라"(약 5:16).

하나님께 세상의 작은 자들을 위한 장소가 있을까?

장담해도 좋다. "하나님은 교만한 자를 대적하시되 겸손한 자들에게는 은혜를 주시느니라"(벧전 5:5).

우리 각자의 인생을 이해할 수 있는 누군가가 있을까?

예수님은 하실 수 있다. "우리에게 있는 대제사장은 우리의 연약함을 동정하지 못하실 이가 아니요"(히 4:15).

당신을 둘러싼 문제들 때문에 혼자인 것 같은가?

당신은 혼자가 아니다. 예수님은 "하나님 우편에 계신 자요 우리를 위하여 간구하시는 자"(롬 8:34)시다.

하나님께서 당신의 실패를 용서하실까?

이미 용서하셨다. "이제 그리스도 예수 안에 있는 자에게는 결코 정죄함이 없나니"(롬 8:1).

무덤이 정말 모든 것의 끝일까?

정반대다. "사망을 삼키고 이기리라"(고전 15:54).

슬픔이 과연 끝날까?

도무지 끝나지 않을 것만 같을 때가 있다. 하지만 하나님은 우리에게 확신을 주신다. "저녁에는 울음이 깃들일지라도 아침에는 기쁨이 오리로다"(시 30:5).

당신에게 남은 인생을 위한 지혜와 에너지가 있을까? 아니, 당신에겐 없을 것이다. 하지만 성령님이 하신다. "오직 성령이 너희에게 임하시면 너희가 권능을 받고"(행 1:8).

인생은 불공평하다! 하지만 정의로워질 것이다. "(하나님께서) 천하를 공의로 심판할 날을 작정하시고"(행 17:31).

죽음, 실패, 배신, 질병, 실망이 당신의 소망을 가져갈 수 없다. 왜냐하면 그것이 당신에게서 예수님을 가져갈 수 없기 때문이다.

벤 패터슨(Ben Patterson)은 『위대한 요점』(The Grand Essentials)에서 S-4 잠수함이 매사추세츠 해변에서 침몰한 이야기를 한다.

선원 전원이 갇혔다. 선원들을 구조하려는 온갖 노력이 기울여졌지만 모두 실패로 돌아갔다.

그 고난이 거의 끝나갈 무렵, 심해 잠수부 하나가 침몰한 잠수함의 철벽에서 두드리는 소리를 들었다. 그는 선체에 귀를 가까이 대었고, 한 선원이 모스부호로 두드리는 "아직 소망이 있나요?"라는 메시지를 듣게 되었다.[1]

당신도 지금 이 질문을 하고 있는가? 당신은 더 이상 돈을 구할 데가 없는 싱글맘인가? 힘없이 ICU에 앉아 있는 남자인가? 해답이 없는 비즈니스맨인가? 당신도 이 질문을 하고 있는가?

"아직 소망이 있나요?"

조나단 매콤(Jonathan McComb)이 그랬다. 매콤의 가정은 모든 미국인이 꿈에 그리는 가정이었다. 두 젊은 부부와 아름다운 아이들. 그야말로 굉장한 결혼이었다. 조나단은 목장에서 일했고, 로라는 제약회사에 다녔다. 그들은 하나님을 경외했고, 행복했고, 열심히 일했고, 걱정이 없었다.

그때 폭풍우가 찾아왔다. 비가 예보되었다. 백 년에 한 번 올 만한 홍수였다. 아무도 그런 폭풍우를 보지 못했다. 블랑코 강이 90분 만에 8.5미터나 상승했고 사우스텍사스의 구릉 지대를 휩쓸며 포효했다. 집, 차, 다리를 쓸어 갔다.

조나단과 그 가족은 오두막 이층으로 피했지만, 그 어느 곳도 안전하지 않았다. 집은 기초부터 완전히 무너졌다. 그들은 결국 매트리스를 꼭 쥐고 물보라 이는 물살을 탈 수밖에 없었다.

다행히 조나단은 살아남았다. 하지만 다른 가족은 그러지 못했다. 데날린과 내가 병원에 있는 조나단을 찾아갔을 때, 그는 고통으로 꼼짝하지 못했다. 하지만 부러진 갈비뼈와 엉덩이뼈는 깨어진 마음에 비하면 아무것도 아니었다. 조나단은 말을 하려고 애썼지만 두 눈에 눈물만 고일 뿐이었다.

몇 주 후 그는 아내와 두 아이의 장례식을 치를 만큼의 기력을 찾았다. 텍사스의 코르푸스 크리스티 시민 전부가 참석한 것처럼 많은 사람이 모였다. 교회에는 빈자리도, 울지 않는 사람도 없었다.

30분이 넘도록 조나단은 아내와 아이들을 추억했다. 그들의 웃음과 즐거움에 대해 말하며 자신의 집이 얼마나 텅 비어 버렸는지 이야기했다. 그리고 이렇게 말을 이었다.

사람들은 제가 어떻게 지내는지, 어떻게 이런 상황에서 이토록 긍정적이고 강인할 수 있는지 묻습니다. 나는 그분들께 말했습니다. 가족과 친구들, 그리고 무엇보다도 저의 신앙에 의지하고 있다고요. … 매 주일 예배가 끝나면 로라는 늘 이렇게 묻곤 했습니다. "어떻게 하면 더 많은 사람이 교회로 오게 해서 구원에 대해 알려 줄 수 있을까?" 글쎄, 로라, 어떻게 생각해? 그들이 여기 있네.

몇 년 동안 제가 가장 사랑해 온 성경구절 역시 저에게 많은 힘을 주었습니다. "너는 마음을 다하여 여호와를 신뢰하고 네 명철을 의지하지 말라" (잠 3:5).

저는 왜 그런 홍수와 같이 비극적인 일이 일어나서 많은 생명을 앗아가는지 설명할 수 없습니다. 제가 아는 것은 그저 하나님께서는 우리가 감당할 수 없는 일은 결코 주시지 않는다는 것입니다. 그리고 우리는 잠시 이곳에 머문다는 것입니다.

제 말을 믿어 주세요, 만약 제 모든 뼈를 부러뜨려서 그들을 되찾을 수 있다면 저는 그렇게 할 것입니다. 하지만 그건 우리의 요청이 아닙니다. … 이 모든 비극이 끔찍하다는 걸 저도 압니다. 저도 화가 나고, 언짢고, 혼란스럽습니다. 계속해서 스스로에게 왜냐고 묻고 있어요. 저의 때가 오면,

그리고 천국에서 그들과 다시 만나게 되면 그 답을 알게 될 테니까요. 이 질문은 분명 제가 천국에서 묻게 될 첫 번째 질문일 겁니다.

나는 조나단이 "나는 … 압니다."라는 말을 몇 번이나 사용했는지 적어 보았다.

나는 하나님께서 우리가 감당할 수 없는 일은 결코 주시지 않는다는 것을 압니다.
나는 우리가 잠시 이곳에 머문다는 것을 압니다.
나는 이 모든 비극이 끔찍하다는 것을 압니다.
나는 … 천국에서 그들과 다시 만나게 될 것을 압니다.

조나단은 순진하거나 거만하지 않았다. 피상적이고 얕은 믿음으로 반응하지도 않았다. 그는 그 비극이 끔찍하다는 걸 알고 있었다. 하지만 그는 폭풍우 한복판에서 소망을 발견했다. 흔들리지 않는 소망이다. 쉬운 답을 찾은 게 아니다. 바로 '정답'을 찾은 거다. 그는 심사숙고해서 자신의 삶을 하나님의 약속 위에 세우기로 결심했다.

예수님은 제자들에게 "항상 기도하고 낙심하지 말아야 할 것"(눅 18:1)을 당부하셨다.

소망을 잃지 말라고? 용기를 잃지 말라고? 주눅 들지 말라고? 절망의 하수구에 빠지지 말라고?

상상할 수 있겠는가? 고통에 빠지지 않는 하루, 두려움에 휘둘리지 않는 결정, 이것이 바로 당신과 나를 향한 하나님의 뜻이다. 하나님은 우리가 "성령의 능력으로 소망이 넘치"기를 원하신다(롬 15:13).

넘치다.

'소망'과 함께 사용되기엔 얼마나 특이한 단어인가.

지난주에 약 30분간 하늘이 폭포가 되었다. 나는 잠시 대피소에 차를 주차시켜야 했다. 방풍 와이퍼도 폭우 앞에서는 무용지물이었다. 고속도로 곳곳이 흠뻑 젖었다. 그야말로 비가 '넘쳤다.' 이와 같이 하나님은 당신의 세계를 소망으로 흠뻑 적시실 것이다.

언젠가 요세미티 숲에서 하루를 보낸 적이 있다. 별을 셀 수 없는 것처럼 그곳에 있는 나무도 셀 수 없었다. 키가 큰 나무, 작은 나무, 오른쪽에도 왼쪽에도, 뒤에도 앞에도, 요세미티는 나무로 넘쳤다. 그와 같이 하나님은 당신의 세계를 소망의 숲으로 바꾸실 것이다.

어린 시절 나는 웨스트텍사스 할아버지 댁 근처에 있는 목화밭을 헤집고 다녔다. 그 농장에는 목화가 넘쳤다. 끝을 볼 수 없었다. 동서남북 사방이 복슬복슬한 흰 공들이었다. 이처럼 하나님은 당신에게 소망의 풍성한 수확을 주실 것이다.

우리가 넘치는 소망을 사용할 수 있을까?

일시적인 소망이나 산발적인 소망이나 자동 조절되는 소망이 아닌 넘치는 소망 말이다.

구하는 것은 당신 몫이다. "하나님께 인생을 건 우리는 약속받은 소망을 두 손으로 붙잡고 놓지 말아야 할 이유가 충분합니다. 그 소망은 끊어지지 않는 영적 생명줄 같아서, 모든 상황을 뛰어넘어 곧바로 하나님 앞에까지 이릅니다. 그곳에는 우리보다 앞서 달려가신 예수께서 멜기세덱의 반열에 따라 우리를 위한 영원한 대제사장직을 맡고 계십니다"(히 6:18-20, 메시지성경).

스스로에게 질문해 보라. "나는 내가 겪을 일보다 더 튼튼한 것에 의지하고 있는가?"

모든 사람이 무언가에 닻을 내리고 있다. 퇴직금 계좌든 이력서든 말이다. 어떤 사람은 사람에게 밧줄을 건다. 어떤 사람은 지위에 맨다. 하지만 그것들은 표면적인 대상이다.

배의 닻을 다른 배에 내리겠는가? 천국은 허락하지 않는다.

당신은 표류하는 다른 배보다 더 깊이 내려가서 더 견고히 붙잡을 무언가를 원한다. 당신이 이 세상 것들에 닻을 내린다면, 결국 세상과 똑같이 행하게 되지 않을까?

퇴직금 계좌가 우울증을 이겨낼 수 있을까?

건강 관리로 모든 질병을 극복할 수 있을까?

아니, 우리는 그 무엇도 보장할 수 없다.

베테랑 선원들은 숨겨진 단단한 것에 닻을 걸라고 강조한다. 물 위의 부표를 믿지 말라. 옆 배에 있는 선원들을 믿지 말라. 다른 배를 믿지 말라. 심지어 당신의 배도 믿지 말라. 폭풍우를 만날 때 오직 하나님만 믿으라.

사도 바울은 의기양양하게 선포한다. "우리 소망을 살아 계신 하나님께 둠이니"(딤전 4:10).

약속의 사람은 매일 자신의 닻을 하나님께 두기로 결단한다. 조나단 매콤 같은 경우의 씨름은 말로 다 할 수 없는 비극에 대항하여 생사를 건 싸움이다. 내가 어제 마주한 씨름은 비관주의의 입에서 하루를 건져내는 문제다.

나는 이 책을 쓰기 위해 3일간 컴퓨터 모니터만 응시했다. 점심을 먹고 한 시간이 지나자 내 두뇌는 몽롱해졌고 눈도 감기기 시작했다. 좀 쉬어야 한다는 생각이 들었다.

나는 골프장에서 10분 정도 떨어진 곳에 살고 있다. 그곳에 가서 몇 가지 절차를 거친 후, 손에 골프채를 들고 1번 홀의 티 박스(출발선-역주)에 섰다. 그런 다음 첫 번째 페어웨이(티와 퍼팅그린 사이의 잔디 구간-역주)를 걸어가며 봄날의 따스함을 맛보았다.

그때 핸드폰에서 문자가 도착했다는 신호음이 울렸다. 동료 하나가 나에게 교회 스태프의 변경을 알렸다. '흠, 왜 나한테 그 결정에 대해 묻지 않았지?'

나는 전화를 주머니에 넣고 동료에게 그 의심에 대한 호의를 베풀기로 결심했다. 그 친절한 시도는 딱 두 번째 페어웨이까지만 지속됐다. 내면에서부터 혼란이 솟아오르는 걸 느꼈다.

'내게 물어봤어야 해.'

세 번째 홀에서 나는 드라이버를 꽉 쥐었다.

네 번째 홀에서는 후려치려는 공에서 동료의 얼굴을 보았다.

다섯 번째는 재앙이었다. 나는 그와 고래고래 소리를 지르며 싸우는 환상을 보았다!

퍼팅그린에 도착할 때까지 나는 사임했고, 그를 해고했으며, 파업에 돌입했고, 멕시코로 이민을 갔다.

내가 과잉 반응을 보였다고 말할지 모르겠다. 불과 다섯 개의 골프 홀을 도는 동안 나는 사태를 부정적으로 급격히 악화시킬 수 있는 사람이다.

오, 당신은 그런 나를 봤어야 했다. 나는 한 손으로 골프채를 질질 끌면서 다른 한 손으로는 사탄에게 주먹질을 했다. 당신이 그때의 내 목소리를 들었다면 깜짝 놀랐을 것이다. 그날 그곳에 다른 골퍼들이 없었다는 건 행운이다. 하마터면 화가 난 사람들의 시선을 한 몸에 받을 뻔했다.

5번에서 6번으로 가는 길에 하나님은 내게 말씀하셨다. 그리고 이 책에 대해 물으셨다. 바로 이 주제에 대해 상기시켜 주셨다. 그 다음에는 더 질문하실 필요가 없었다. 나는 그분이 말씀하시기 전에 알고 있었다.

'책 내용을 실행하고 있는 거지?'

아니었다. 나는 인생의 문제 위에 서 있었다. 하나님의 약속 위가 아니었다.

그래서 나는 약속들이 있는 탄약고에 들어가 하나를 꺼냈다. 일단

다윗과 골리앗의 이야기에서 약속 하나를 가져왔다. "전쟁은 여호와께 속한 것인즉"(삼상 17:47). 그다음에는 이사야서 말씀이 기억났다.

> 오직 여호와를 앙망하는 자는 새 힘을 얻으리니 독수리가 날개치며 올라감 같을 것이요 달음박질하여도 곤비하지 아니하겠고 걸어가도 피곤하지 아니하리로다(사 40:31).

이 약속이 바로 처방전이었다. 나는 나의 울화를 처리해야 했다. 나는 깨달았다.

'이 전쟁은 하나님께 속한 것이구나. 내가 아니라 그분께 달려 있구나. 나는 하나님께서 일하시길 기다릴 거야.'

나는 답문자를 보내면서 5분 면담을 요청했다. 여섯 번째 그린에 도착했을 때 전화벨이 울렸다. 나는 그에게 물었다. "그 결정에 나를 포함시키려고 했나요?"

"물론이죠! 아무것도 결정된 게 없어요! 한 가지 옵션을 목사님께 알려 드린 것뿐이에요."

그걸로 끝이었다. 모든 것이 괜찮아졌다. 분노도 사라졌다. 나쁜 소식은 사탄이 내 관심을 끌었다는 거다. 그리고 좋은 소식은 그게 그리 오래 가지 않았다는 거다. 하나님의 약속은 사탄의 불길을 끄는 소화기였다.

1장에서 나는 이 책에 소개한 약속들이 내가 좋아하는 것들이라고 말했다. 나의 목록을 나눴으니, 당신도 당신만의 목록을 만들어 볼 것을 권한다.

약속에 관한 최고의 책은 당신과 하나님이 함께 써 내려가는 책이다. 당신의 필요를 이야기하는 언약을 발견할 때까지 찾고 또 찾으라. 값진 진주처럼 그것들을 잡으라. 먼 미래에 도움이 될 수 있도록 마음에 감추라. 원수가 의심과 두려움이라는 거짓말로 찾아올 때 그 진주를 만들어 내라.

그러면 사탄은 속히 입을 다물 것이다. 그는 진리에는 대꾸하지 않는다.

친구여, 그것은 반드시 통한다. 하나님의 약속이 통한다. 하나님의 약속은 당신이 끔찍한 비극을 통과하게 해 준다. 매일매일의 난관 속에서 당신을 북돋워 준다. 하나님의 약속은 정녕 하나님의 보배롭고 지극히 큰 선물이다.

러셀 켈소 카터(Russell Kelso Carter)는 이 진리를 배웠다. 그는 타고난 운동선수이자 학생이었다. 1864년 열다섯의 나이에 그는 기도모임 중에 자기 삶을 온전히 그리스도께 드렸다. 그리고 1869년 펜실베이니아 군사학교에서 교관이 되었다.

그는 목회자, 의사, 그리고 작곡가로서의 시간을 보내며 보람 있고 다양한 삶을 살았다. 하지만 그의 이야기를 우리와 연결시켜 주는 것은 하나님의 약속에 대한 그의 이해다.

서른 살에 카터는 치명적인 심장병을 얻어서 죽음의 문턱에 섰다.

"코니 루스 크리스티안슨은 다음과 같이 기록한다. '그는 무릎을 꿇고 약속했다. 낫든 안 낫든 그의 삶은 최종적으로, 그리고 영원히 주님을 섬기는 데 바쳐졌다고 말이다.' 그리고 다음과 같이 말을 이어 간다. '그 순간부터 성경이 카터에게 새 생명을 주었고, 카터는 성경에서 발견한 약속들에 의지하기 시작했다. 하나님께서 그를 치유하시든 그렇지 않든 그는 믿음에 자기 자신을 헌신했다. … 카터는 건강한 심장을 가지고 마흔아홉 해를 더 살았다.'"[2]

그와 같이 어려움의 한복판에서 하나님을 신뢰하기로 한 그의 선택이 오늘날까지 불리는 다음의 찬송가를 탄생시켰다.

> 주님 약속하신 말씀 위에서 영원토록 주를 찬송하리라.
> 소리 높여 주께 영광 돌리며 약속 믿고 굳게 서리라.
> 굳게 서리. 영원하신 말씀 위에 굳게 서리.
> 굳게 서리. 그 말씀 위에 굳게 서리라.

내가 좋아하는 절은 2절이다.

> 주님 약속하신 말씀 위에서 세상 염려 내게 엄습할 때에
> 용감하게 힘써 싸워 이기며 약속 믿고 굳게 서리라.
> 굳게 서리. 영원하신 말씀 위에 굳게 서리.
> 굳게 서리. 그 말씀 위에 굳게 서리라(새찬송가 546장).[3]

당신도 이렇게 하라. 당신의 삶을 하나님의 약속 위에 세우라. 그분의 약속은 깨어질 수 없기에 당신의 소망도 흔들리지 않을 것이다.

바람은 여전히 불 것이다. 비도 여전히 내릴 것이다. 하지만 당신은 반드시 일어설 것이다. 하나님의 약속 위에 설 것이다.

소망의 약속 되새기기

1. 이번 장은 소망을 '닻'이라고 표현한다. 소망이 어떻게 영혼을 위한 닻이 되는가?

2. 히브리서 6장 19-20절은 "우리가 이 소망을 가지고 있는 것은 영혼의 닻 같아서 튼튼하고 견고하여 휘장 안에 들어가나니, 그리로 앞서 가신 예수께서 멜기세덱의 반차를 따라 영원히 대제사장이 되어 우리를 위하여 들어가셨느니라." 말한다. 휘장 안은 지성소를 가리킨다. 그리스도께서 십자가에서 죽으시기 전에는 오직 대제사장들만, 그것도 1년에 한 번 백성들을 위해 하나님께 제사를 드릴 때만 들어갈 수 있었다.

   - 예수님이 우리를 위해 지성소에 들어가신 것이 무엇을 의미하는가?
   - 이것이 소망과 무슨 관계가 있는가? 궁극적으로 우리의 소망은 무엇에 뿌리내리는가?

3. 이 책에 주어진 약속들을 다시 살펴보라.

   하나님께서 우리에게 보배롭고 지극히 큰 약속을 주셨다.
   당신은 하나님의 형상을 받았다. / 사탄의 날이 계수된다.
   당신은 하나님의 상속자다. / 당신의 기도에는 능력이 있다.
   하나님은 겸손한 자에게 은혜를 주신다. / 하나님께서 당신을 이해하신다.
   그리스도께서 당신을 위해 기도하신다.
   그리스도 예수 안에 있는 자에게는 결코 정죄함이 없다.
   이 땅의 무덤은 임시적이다. / 머지않아 기쁨이 온다.
   성령님이 당신을 도우신다. / 정의가 이긴다.

   - 예수님께서 각각의 약속이 어떻게 가능하게 하시고 성취하시는가?
   - 당신은 그리스도가 아닌 어떤 것에 소망을 두는가?

4. 다음 빈칸을 채우라.

   "아무도 당신의 _____를 데려갈 수 없기에, 아무도 당신의 _____을 가져갈 수 없다."

5. 저자는 조나단 매콤의 비극적인 이야기를 나눈다. 그는 홍수로 아내와 두 자녀를 잃었다. 그가 가족의 장례식에서 한 말을 보며 어떤 느낌이 드는가?

6. 비극의 한복판에서 소망을 느껴 본 적이 있는가? 어떤 느낌이었는가? 소망이 없어 보이는 상황에서 당신이 소망을 가졌던 이유는 무엇인가?

7. 당신의 소망이 지금 어디에 닻을 내리고 있는지 시험해 보는 방법은 "그 사람, 혹은 그것 없이 살 수 있는가?" 자문하는 것이다. 이 질문에 "살 수 없다"고 대답한다면, 그것이 바로 당신의 소망이 닻을 내린 곳이다.

- 그리스도를 통한 하나님의 약속에 닻을 내리고 있는가?
- 하나님의 약속에 우리의 소망을 두지 못하게 막는 것은 무엇인가?

8. 이사야 40장 31절은 아름다운 약속을 준다. "오직 여호와를 앙망하는 자는 새 힘을 얻으리니 독수리가 날개치며 올라감 같을 것이요 달음박질하여도 곤비하지 아니하겠고 걸어가도 피곤하지 아니하리로다." "앙망하다"로 번역된 히브리어는 **카바**(qavah)다. '기다리다', '소망하다'를 의미한다.[4] 당신은 어떻게 주님을 소망으로 기다리는가?

9. 3번에 정리된 하나님의 약속을 다시 읽으라. 당신에게 지금 가장 필요한 약속은 무엇이며 오늘 어떻게 그 약속 위에 설 것인가?

10. 이 책이 하나님께서 하신 모든 약속을 포함하지는 않는다. 성경 전체가 하나님의 약속으로 가득하기 때문이다. 당신에게 특별한 하나님의 약속을 열거해 보라.

11. 당신은 약속의 사람이다. 그러한 사실이 지금 당신에게 어떤 의미로 다가오는가?

- 당신이 약속의 사람이라는 믿음이 하나님과 다른 사람, 그리고 당신 자신과 교통하는 방식을 어떻게 변화시키는가?
- 약속의 사람이 되는 것이 어떻게 흔들리지 않는 소망을 주는가?

12. 당신의 삶에 다음과 같이 선포하라.

"나는 하나님의 약속 위에 내 삶을 세울 것이다. 그분의 약속은 깨어질 수 없기에 내 소망도 흔들리지 않을 것이다. 바람은 여전히 불 것이다. 비도 여전히 내릴 것이다. 하지만 결국에는 일어설 것이다. 하나님의 약속 위에 설 것이다!"

주

1. 하나님께서 우리에게 보배롭고 지극히 큰 약속을 주셨다
1) "Religion: Promises," *Time*, 1956년 12월 24일, http://content.time.com/time/magazine/article/0,9171,808851,00.html.
2) Sally C. Curtin, Margaret Warner, and Holly Hedegaard, "Increase in Suicide in the United States, 1999-2014," *NCHS Data Brief*, no.241 (Hyattsville, MD: National Center for Health Statistics, 2016). Digital copy at https://www.cdc.gov/nchs/data/databriefs/db241.pdf.
3) 드와이트 L. 무디, *How to Study the Bible*, updated ed. (Abbotsford, WI: Aneko Press, 2017), 114-15.
4) Bible Study Tools, s.v. "timios," http://www.biblestudytools.com/lexicons/greek/nas/timios.html.

3. 사탄의 날은 끝난다
1) Jim Burgess, "Spectators Witness History at Manassas," *Hallowed Ground Magazine*, 2011년 봄, https://www.civilwar.org/learn/articles/spectators-witness-history-manassas.
2) Ibid.
3) Ibid.
4) Ibid.
5) Louis J. Cameli, *The Devil You Don't Know: Recognizing and Resisting Evil in Everyday Life* (Notre Dame, IN: Ave Maria Press, 2011), 79.
6) "Most American Christians Do Not Believe That Satan or the Holy Spirit Exist," Barna, 2009년 4월 13일, https://www.barna.com/research/most-american-christians-do-not-believe-that-satan-or-the-holy-spirit-exist/.
7) Carter Conlon with Leslie Quon, *Fear Not: Living Courageously in Uncertain Times* (Ventura, CA: Regal Books, 2012), 52-53.

4. 당신은 하나님의 상속자다

1) Jeane MacIntosh, "Homeless Heir to Huguette Clark's $19M Fortune Found Dead in Wyoming," *New York Post*, 2012년 12월 31일, http://nypost.com/2012/12/31/homeless-heir-to-huguette-clarks-19m-fortune-found-dead-in-wyoming/.
2) Susanne Burden, "Meet the Dutch Christians Who Saved Their Jewish Neighbors from Nazis," *Christianity Today*, 2015년 11월 23일, http://www.christianitytoday.com/ct/2015/december/meet-dutch-chrisitians-saved-their-jewish-neighbors-nazis.html.
3) Craig S. Keener, *The IVP Bible Background Commentary: New Testament* (Downers Grove, IL: InterVarsity, 1993), 430. (『IVP성경배경주석:신약』, 한구기독학생회출판부).

5. 당신의 기도에는 능력이 있다

1) "Elijah," Behind the Name, http://www.behindthename.com/name/elijah, and "Yahweh," Behind the Name, http://www.behindthename.com/name/yahweh.
2) Nik Ripken with Gregg Lewis, *The Insanity of God: A True Story of Faith Resurrected* (Nashville, TN: B&H Publishing, 2013), 147-58(『하나님의 광기』, 예영커뮤니케이션).

6. 하나님은 겸손한 자에게 은혜를 주신다

1) Andrew Kirtzman, *Betrayal: The Life and Lies of Bernie Madoff* (New York: Harper, 2010), 232.
2) Ibid., 9.
3) "The Hanging Gardens of Babylon," Herodotus, 450 BC, http://www.plinia.net/wonders/gardens/hg4herodotus.html, and Lee Kryst다, "The Hanging Gardens of Babylon," The Museum of Unnatural Mystery, 1998, http://www.unmuseum.org/hangg.htm.
4) Mark Mayberry, "The City of Babylon," *Truth Magazine*, 2000년 2월 17일, http://truthmagazine.com/archives/volume44/V44021708.htm.

7. 하나님께서 당신을 이해하신다

1) Thomas Lake, "The Way It Should Be: The Story of an Athlete's Singular Gesture Continues to Inspire. Careful, Though, It Will Make You Cry," *Sports Illustrated*, 2009년 6월 29일, www.si.com/vault/2009/06/29/105832485/the-way-it-should-be.
2) Ibid.
3) Ibid.,264.

8. 그리스도께서 당신을 위해 기도하신다

1) W. E. Vine, *Vine's Complete Expository Dictionary of Old and New Testament Words*(Nashville, TN: Thomas Nelson, 1984), 330.
2) "Christ Tomlin Most Sung Songwriter in the World," The Christian Messenger News 데나, 2013년 7월 3일, www.chrisianmessenger.in/chris-tomlin-most-sung-songwriter-in-the-world/.
3) Nick Schifrin, "President Obama Writes Fifth Grader's Excuse Note," ABC News, 2012년 6월 3일.
4) Nika Maples, *Twelve Clean Pages: A Memoir* (Fort Worth, TX: Bel Esprit Books, 2011), 129-30.

9. 그리스도 예수 안에 있는 자에게는 결코 정죄함이 없다

1) M. J. Stephey, "A Brief History of the Times Square Debt Clock," *Time*, 2008년 10월 14일, http://content.time.com/time/business/article/0,8599,1850269,00.htm.
2) Henry Blackaby and Richard Blackaby, *Being Still with God: A 366 Daily Devotional* (Nashville, TN: Thomas Nelson, 2007), 309.
3) Karl Barth, *Church Dogmatics*, vol.4, part 1, *The Doctrine of Reconciliation*, trans. G. W. Bromiley, eds. G. W. Bromiley and T. F. Torrance. (London: T&T Clark, 2004), 82(『교회교의학 IV/1 화해에 관한 교의: 제1권』, 대한기독교서회).
4) Ibid., 77.

11. 머지않아 기쁨이 온다

1) Johnny Dodd, "Amanda Todd: Bullied Teen Made Disturbing Video Before Her Suicide," *People*, 2012년 10월 17일, http://people.com/crime/amanda-todd-bullied-teen-made-disturbing-video-before-her-suicide/, and "Suicide of Amanda Todd," *Wikipedia*, http://en.wikipedia.org/wiki/Suicide_of_Amanda_Todd.
2) Brennan Manning, *Lion and Lamb: The Relentless Tenderness of Jesus* (Grand Rapids, MI: Chosen Books, 1986), 21-22(『사자와 어린양』, 복있는사람).
3) 실명이 아니다.
4) Dale Carnegie, *How to Stop Worrying and Start Living*, rev. ed. (New York: Pocket Books, 1984), 196-98(『데일 카네기 자기 관리론』, 리베르).
5) Bible Study Tools, s.v. "hupomone," http://www.biblestudytools.com/lexicons/greek/nas/hupomone.html.

12. 성령님이 당신을 도우신다

1) Bible Study Tools, s.v. "hagiazo," http://www.biblestudytools.com/lexicons/greek/nas/hagiazo.html.

13. 정의가 이긴다

1) Ray Sanchez, "Sandy Hook 4 Years Later: Remembering the Victims," CNN, 2016년 12월 14일, http://www.cnn.com/2016/12/14/us/sandy-hook-anniversary-trnd/.
2) John Blanchard, *Whatever Happened to Hell?* (Wheaton, IL: Crossway Books, 1995), 105.
3) 시 62:12; 롬 2:6; 계 2:23, 28:6, 22:12.
4) Os Guinness, *Unspeakable: Facing Up to the Challenge of Evil* (San Francisco: Harper SanFrancisco, 2005), 136-37.

14. 흔들리지 않는 약속, 흔들리지 않는 소망

1) Ben Patterson, *The Grand Essentials* (Waco, TX: Word Books, 1987). 35.
2) Lynda Schultz, "The Story Behind the Song," *Thrive*, www.thrive-magazine.ca/blog/40/.
3) Ibid.
4) Bible Study Tools, s.v. "qavah,," http://www.biblestudytools.com/lexicons/hebrew/nas/qavah.html.

사명선언문

너희가 흠이 없고 순전하여……세상에서 그들 가운데 빛들로
나타내며 생명의 말씀을 밝혀 _ 빌 2:15-16

1. 생명을 담겠습니다
만드는 책에 주님 주신 생명을 담겠습니다.
그 책으로 복음을 선포하겠습니다.

2. 말씀을 밝히겠습니다
생명의 근본은 말씀입니다.
말씀을 밝혀 성도와 교회의 성장을 돕겠습니다.

3. 빛이 되겠습니다
시대와 영혼의 어두움을 밝혀 주님 앞으로 이끄는
빛이 되는 책을 만들겠습니다.

4. 순전히 행하겠습니다
책을 만들고 전하는 일과 경영하는 일에 부끄러움이 없는
정직함으로 행하겠습니다.

5. 끝까지 전파하겠습니다
모든 사람에게, 땅 끝까지, 주님 오시는 그날까지
복음을 전하는 사명을 다하겠습니다.

서점 안내

광화문점 서울시 종로구 새문안로 69 구세군회관 1층
02)737-2288 / 02)737-4623(F)

강남점 서울시 서초구 신반포로 177 반포쇼핑타운 3동 2층
02)595-1211 / 02)595-3549(F)

구로점 서울시 동작구 시흥대로 602, 3층 302호
02)858-8744 / 02)838-0653(F)

노원점 서울시 노원구 동일로 1366 삼봉빌딩 지하 1층
02)938-7979 / 02)3391-6169(F)

분당점 경기도 성남시 분당구 황새울로 315 대현빌딩 3층
031)707-5566 / 031)707-4999(F)

일산점 경기도 고양시 일산서구 중앙로 1391 레이크타운 지하 1층
031)916-8787 / 031)916-8788(F)

의정부점 경기도 의정부시 청사로47번길 12 성산타워 3층
031)845-0600 / 031) 852-6930(F)

인터넷서점 www.lifebook.co.kr